L'homme invisible / The Invisible Man

suivi de

Les cascadeurs de l'amour

Du même auteur

Poésie

Décalage, Sudbury, Éditions Prise de parole, 2008.

En temps et lieux, Montréal, Éditions L'Oie de Cravan, 2007.

Leçon de noyade, [s.l., s.é.], 2006.

Déchu de rien, [s.l., s.é.], 2006.

Inédits de vidé, [s.l., s.é.], 2006.

Désâmé, Sudbury, Éditions Prise de parole, 2005.

Grosse guitare rouge, avec René Lussier, Sudbury et Montréal, Éditions Prise de parole et Ambiance Magnétique, 2004, livre cd.

Hennissements, Sudbury, Éditions Prise de parole, 2002.

Bleu comme un feu, Sudbury, Éditions Prise de parole, 2001.

Sudbury (poèmes 1979-1985), nouvelle édition, Sudbury, Éditions Prise de parole, 2000 [comprend *L'espace qui reste,* 1979 ; *Sudbury,* 1983 ; et *Dans l'après-midi cardiaque,* 1985].

Rouleaux de printemps, Sudbury, Éditions Prise de parole, 1999.

L'effet de la pluie poussée par le vent sur les bâtiments, Montréal, Lanctôt Éditeur, 1999.

L'homme invisible / The Invisible Man suivi de *Les cascadeurs de l'amour,* nouvelle édition, coll. « BCF », Sudbury, Éditions Prise de parole, 2008 [1997, 1981 et 1987].

La fissure de la fiction, Sudbury, Éditions Prise de parole, 1997.

L'effet de la pluie poussée par le vent sur les bâtiments, plaquette, Québec, Docteur Sax, 1997.

Un pépin de pomme sur un poêle à bois, nouvelle édition, Sudbury, Éditions Prise de parole, 1995 [comprend *Le pays de personne, Grosse guitare rouge,* et *Un pépin de pomme sur un poêle à bois*].

Amour Ambulance, Trois-Rivières, Écrits des forges, 1989.

Poèmes anglais, Sudbury, Éditions Prise de parole, 1988.

Les cascadeurs de l'amour, Sudbury, Éditions Prise de parole, 1987 [voir nouvelle édition].

Dans l'après-midi cardiaque, Sudbury, Éditions Prise de parole, 1985 [voir nouvelle édition].

Sudbury, Sudbury, Éditions Prise de parole, 1983 [voir nouvelle édition].

L'homme invisible / The Invisible Man, Sudbury, Penumbra Press et les Éditions Prise de parole, 1981 [voir nouvelle édition].

L'espace qui reste, Sudbury, Éditions Prise de parole, 1979 [voir nouvelle édition].

Les conséquences de la vie, Sudbury, Éditions Prise de parole, 1977.

Ici, Éditions À Mitaine, 1974.

Larmes de rasoir, [s.l., s.é.], 1973.

Cimetières de l'œil, [s.l., s.é.], 1972.

Documents audio

Patrice Desbiens et les Moyens du bord, avec René Lussier, Guillaume Dostaler, Jean Derome et Pierre Tanguay, Montréal, Ambiance Magnétique, 1999, disque compact.

La cuisine de la poésie présente : Patrice Desbiens, Sudbury, Éditions Prise de parole, 1985, audiocassette.

Cinquante exemplaires de cet ouvrage
ont été numérotés et signés par l'auteur.

Patrice Desbiens

L'homme invisible / The Invisible Man

suivi de

Les cascadeurs de l'amour

Préface de Johanne Melançon

Récits

Bibliothèque canadienne-française
Éditions Prise de parole
Sudbury 2008

Catalogage avant publication de Bibliothèque et Archives Canada
Desbiens, Patrice, 1948-
L'homme invisible = The invisible man ; suivi de Les cascadeurs de l'amour : récits / Patrice Desbiens. — 3e éd.

(Bibliothèque canadienne-française)
Éd. originale: 1997.
Comprend des réf. bibliogr.
Texte du premier ouvrage en français et en anglais.
ISBN 978-2-89423-228-6
I. Titre. II. Titre : Invisible man. III. Titre : Cascadeurs de l'amour. IV. Collection : Bibliothèque canadienne-française (Sudbury, Ont.)
PS8557.E754H65 2008 C843'.54 C2008-904247-6F

En distribution au Québec: Diffusion Prologue • 1650, boul. Lionel-Bertrand • Boisbriand (QC) J7H 1N7 • 450-434-0306

Ancrées dans le Nouvel-Ontario, les Éditions Prise de parole appuient les auteurs et les créateurs d'expression et de culture françaises au Canada, en privilégiant des œuvres de facture contemporaine.

Prise de parole

La maison d'édition remercie le Conseil des Arts de l'Ontario, le Conseil des Arts du Canada, le Patrimoine canadien (Programme d'appui aux langues officielles et Programme d'aide au développement de l'industrie de l'édition) et la Ville du Grand Sudbury de leur appui financier.

La Bibliothèque canadienne-française est une collection dont l'objectif est de rendre disponibles des œuvres importantes de la littérature canadienne-française à un coût modique.

Œuvre en page de couverture et conception de la couverture: Olivier Lasser

Éditions Prise de parole
C.P. 550, Sudbury (Ontario) Canada P3E 4R2

ISBN 978-2-89423-228-6
Réimpression 2015

RELIRE *L'HOMME INVISIBLE/THE INVISIBLE MAN* ET *LES CASCADEURS DE L'AMOUR*

Faut-il redire à quel point *L'homme invisible / The Invisible Man*, d'abord paru en 1981, est une œuvre importante de la littérature franco-ontarienne contemporaine ? Abondamment commenté et analysé, le récit / story de Desbiens a aussi inspiré une chanson au groupe Cano, « Invisible[1] », chanson reprise par Marcel Aymar et Jean Marc Dalpé dans le spectacle *Cris et blues*[2]. Par contre, on a peu parlé des *Cascadeurs de l'amour* (1987), deuxième récit de Patrice Desbiens, pourtant texte-compagnon de *L'homme invisible / The Invisible Man* dans la première réédition de 1997[3]. Non seulement y a-t-il similarité de forme entre les deux œuvres, mais elles mettent toutes deux en scène un échec amoureux. Ces deux récits, divisés en courtes séquences

1 Cano, *Visible*, Ready Records, LR 054, 1984, 33 1/3 t.p.m., stéréo.
2 Enregistré sur l'album *Cris et blues live à Coulson*, Ottawa et Sudbury, Musique Au et Prise de parole, 1994.
3 Patrice Desbiens, *L'homme invisible / The Invisible Man* suivi de *Les cascadeurs de l'amour*, Sudbury, Prise de parole, 1997. Cette réédition présente les deux textes comme des « récits » et reprend l'introduction de Robert Dickson pour la première.

numérotées, ont aussi tous deux été portés à la scène[4]. Et peut-être *L'homme invisible / The Invisible Man* et *Les cascadeurs de l'amour* se répondent-ils davantage que l'on pourrait croire. Chacun, à sa façon, marque une étape dans l'œuvre de Desbiens, mais leur publication côte à côte en rafraîchit la lecture ; en plus de la perspective identitaire (associée à la langue), la rencontre des deux textes permet de mettre en lumière d'autres thèmes de l'œuvre de Desbiens : l'amour et le cinéma.

L'homme invisible / The Invisible Man a été qualifié de « livre-emblème de Desbiens et de sa communauté culturelle[5] », voire, avec cette œuvre, Patrice Desbiens serait devenu « le Franco-Ontarien emblématique[6] ». L'homme invisible devient la métaphore du « minoritaire francophone dans la réalité canadienne[7] » ; il *est* le Franco-Ontarien : « L'homme invisible est né à Timmins, Ontario. Il est Franco-Ontarien[8]. » Cependant cette identité est problématique puisque, en miroir,
« [h]e is French-Canadian. » (*HI* : 1 droite) L'incertitude identitaire est au cœur du récit, comme le confirme Patrice Desbiens :

---

4 *Les cascadeurs de l'amour* par Louise Naubert du théâtre La Tangente en 1998 et *L'homme invisible / The Invisible Man* par le Théâtre de La Vieille 17, dans une mise en scène et une interprétation de Robert Marinier et Roch Castonguay en 2005. La production *Les cascadeurs de l'amour*, en plus d'avoir profité d'une diffusion radiophonique à l'échelle nationale, a remporté le Masque de la Meilleure production franco-canadienne en 2000.

5 Elizabeth Lasserre, « Écrits franco-ontariens », *Canadian Literature*, n° 164, printemps 2000, p. 146.

6 Francis Lagacé, « Apprivoiser sa langue comme une belle étrangère. La minorité dans la minorité : le cas du poète franco-ontarien Patrice Desbiens » dans Christiane Albert (dir.), *Francophonie et identités culturelles*, Paris, Karthala, 1999, p. 86.

7 *Ibid.*

8 Patrice Desbiens, *L'homme invisible / The Invisible Man*, Sudbury, Prise de parole, 1981, p. 1 (gauche). Désormais, toutes les références à cet ouvrage seront indiquées par le sigle *HI* suivi de la page, placés entre parenthèses dans le texte.

> Je découvrais une réalité... je ne dirais pas douloureuse, mais embêtante, mêlante, avec deux langues, deux identités. Finalement, dans le livre, l'homme invisible est flushé. Les Québécois francophones ont leur identité, ils y tiennent. Les Canadiens anglophones aussi. L'homme invisible est entre les deux, dans un no man's land, et il va d'une identité à l'autre[9].

C'est que l'homme invisible est « bilingue de naissance » ; il souffre de la schizophrénie d'André Paiement. Il a, comme Patrice Desbiens, les deux côtés du cerveau en chicane[10]. Cette dualité et l'interférence constante des deux langues et des deux cultures entraînent aliénation et sentiment de dépossession. Avoir deux langues maternelles (*HI*: 86 gauche), c'est comme ne pas avoir d'identité : « Dans ce livre je voulais dire qu'être pris entre deux cultures, c'est épouvantable. [...] Toi, tu es coincé entre les deux : tu comprends les deux langues, tu parles les deux langues parfaitement mais tu n'es personne[11]. » L'invisibilité est aussi l'expression d'un certain misérabilisme : « La double identité culturelle, c'est deux misères qui s'additionnent, un point c'est tout[12]. » Pas étonnant alors que le seul rôle qu'arrive à jouer l'homme invisible dans la société, c'est de mourir : « "Hey, you sure know how to die!..." lui dit un de ses amis. / L'homme invisible, immédiatement flatté, se fait tirer et meurt souvent. / Ce n'est que le commencement. » (*HI*: 6 gauche) Tout concourt

---

9 Normand Baillargeon, « La tendresse comme seule adresse : le poète franco-ontarien a surmonté la misère de l'instabilité identitaire », *Le Devoir*, 11 mai 1998, p. B1.

10 Voir à ce sujet le documentaire *Mon pays*, réalisé par Valmont Jobin en 1991, une production de l'ONF et d'Aquila Productions Inc.

11 Georges Bélanger, « Portrait d'auteur : Patrice Desbiens », *Francophonies d'Amérique*, n° 2, 1992, p. 95.

12 Normand Renaud, « Patrice Desbiens, *L'Homme invisible / The Invisible Man* », « Romans et nouvelles d'Acadie, d'Ontario et du Manitoba », *Livres et auteurs québécois 1982*, 1983, p. 44.

à souligner la précarité et la fragilité — l'impossibilité ? — de l'existence même de l'homme invisible.

Si l'interprétation identitaire du récit occupe autant d'importance dans la critique, c'est qu'en plus du texte, l'écriture et la facture du livre encouragent cette lecture. En effet, le travail sur la forme est exemplaire dans *L'homme invisible / The Invisible Man* avec les deux « versions » du texte en miroir — le texte en français sur la page de gauche et le texte en anglais sur la page de droite, en pagination continue sauf pour la page 40 — qui juxtaposent et superposent deux langues et deux cultures, marquant ainsi quelque chose comme l'impossible traduction de l'une à l'autre, puisque les deux versions ne concordent pas. À cette particularité formelle, s'ajoute une introduction qui mime cette dualité (« En guise d'introduction » / « A Word of Introduction ») tout comme l'indication générique (« un récit / a story »). De plus, la publication originale est le fruit d'une coédition entre une maison d'édition francophone et une maison d'édition anglophone. Finalement, la page couverture présente une photographie de Patrice Desbiens — l'homme invisible à n'en point douter — scindée en deux par le dos du livre[13]. Le jeu et la tension entre les deux textes, les deux langues et les deux univers culturels — entre les deux moitiés du cerveau de Patrice Desbiens alias l'homme invisible — confirment la lecture identitaire du récit / story.

Lors de la parution de l'ouvrage, ce travail de la forme a été vu comme une caractéristique de la littérature franco-ontarienne, « un champ formel que la littérature québécoise a négligé : celui

13 Comme le remarque si pertinemment Normand Baillargeon, « [l]e lecteur aura compris les immenses possibilités de génération de sens qui s'offrent ici, dans ces deux textes qui communiquent entre eux et composent un livre dont le dos (*spine*) est, littéralement, la colonne vertébrale (*spine*) de cet homme invisible qui est bien là, entièrement là. » (Normand Baillargeon, art. cit., *Le Devoir*, 11 mai 1998, p. B1.)

des transcodages, des effets de brouillage et d'amplification dus à la mise en parallèle de deux langues et de deux univers culturels[14] ». Ce commentaire, s'il fait du texte de Desbiens un texte fondateur dans l'affirmation d'une littérature proprement franco-ontarienne, s'il consacre, d'une certaine façon, la littérature (et peut-être même la culture) franco-ontarienne, laisse planer sur elle(s) le danger de la (les) cantonner dans un discours et une lecture identitaires, fondés sur la langue (le bilinguisme).

D'autres thèmes apparaissent à la lecture de *L'homme invisible / The Invisible Man*. Par exemple l'amour, seule rédemption possible pour l'homme invisible, qui prend les traits de Katerine / Catherine, dont le prénom est orthographié à la française dans la version anglaise et vice versa dans la version française : « il est si près d'être visible. Et avec Katerine, il est encore plus près » (*HI*: 31 gauche). Première figure féminine importante dans l'œuvre de Desbiens, elle ne lui permet pourtant pas d'accéder à la visibilité : « Il a besoin d'une femme. Il a besoin d'un pays. Les deux le laissent tomber. » (*HI*: 31 gauche) Ce thème, on le voit, reste lié de façon étroite à l'identité et à la langue, d'autant plus que la femme est associée à la notion de pays, comme chez les poètes de l'Hexagone.

Un second aspect, le cinéma, a été souligné par quelques critiques mais sans jamais avoir été analysé en détail. Dans le récit / story de Desbiens, si la réalité de l'homme invisible — en français — se résume à la fin par le bien-être social et une condamnation à l'errance, « [s]es rêves, par contre, s'appuient sur le cinéma américain, le domaine de la fantaisie (irréalisable) par excellence[15] ». Bref, l'imaginaire se nourrit du cinéma et la

---

14 Normand Renaud, *op. cit.*, p. 24.

15 Robert Dickson, « Moi e(s)t l'Autre : quelques représentations de mutation identitaire en littérature franco-ontarienne », *Francophonies d'Amérique*, n° 11, 2001, p. 85. Dickson ajoute : « Cela est encore plus fortement marqué dans l'œuvre qu'il en est question uniquement dans le texte anglais. »

réalité côtoie le rêve, comme dans l'épisode où le père tente de sauver la mère, qui meurt noyée dans la piscine, épisode vécu en rêve par l'homme invisible (*HI*: 10 gauche) et se déroulant comme un (mauvais) film. Les « vraies aventures de l'homme invisible » (*HI*: 26 gauche) ne sont pourtant portées au cinéma que dans la version en anglais du récit — mis à part la rencontre avec Pauline attachée aux rails du chemin de fer, image d'Épinal de vieux films muets en noir et blanc où le bon cow-boy (Audie Murphy ?) sauve la jolie prisonnière et en devient amoureux (*HI*: 21 gauche et droite). L'anglais, c'est la version du « drame et [de] la comédie de sa vie » (*HI*: 26 gauche), dans laquelle « Jesus wants to be a star » (*HI*: 4 droite), alors que l'homme invisible n'arrive qu'à jouer un rôle aphone (*HI*: 44 droite) dans un « bad movie » (*HI*: 35 et 37 droite), qu'il tente de se suicider en sautant du pont Pierre-Laporte — « [s]pecial effects[16] » —, qu'il se sent comme Jerry Lewis animant le téléthon pour la dystrophie musculaire, sans ...cascadeur (*HI*: 38 droite) !

Dans cette version, il imagine aussi qu'il a passé la nuit avec Cléopâtre, qui ne ressemblait pourtant pas du tout à Elizabeth Taylor (*HI*: 41 droite). Au cinéma, comme dans la vie de l'homme invisible, les deux langues s'entremêlent : « The French dialogue is in English subtitles and the English dialogue is in French subtitles » (*HI*: 40 droite). Sa vie est un mauvais film qui ne se termine que lorsque tous les acteurs sont morts (*HI*: 40 droite). Et comme s'il ne pouvait en être autrement, l'histoire d'amour de l'homme invisible se termine mal, tout comme sa carrière au cinéma puisqu'on le congédie (*HI*: 44 droite et 45 droite).

---

16 Patrice Desbiens, *L'homme invisible / The Invisible Man*, Sudbury, Prise de parole, 1981, p. 36 (droite). Il n'y a d'effets spéciaux que dans la version en anglais : « He disappears before reaching the grey waters of the St. Lawrence. / Special effets. »

Ces deux thèmes apparaissent d'autant plus importants comme porte d'entrée dans l'œuvre de Desbiens après la lecture de son deuxième récit, dans lequel ils sont dominants. *Les cascadeurs de l'amour* est aussi une histoire d'amour qui se termine mal, mais elle est à la fois vécue et construite par un scénariste — le narrateur —, entre la réalité et la fiction, et racontée en entremêlant le présent et le passé: «Je vais vivre dans le passé et aller la voir ce soir[17].» Si la relation amoureuse avait pu paraître la «sortie d'urgence» de l'homme invisible, elle devient «l'amour-feu qui détruit[18]» dans *Les cascadeurs de l'amour*. Même si le matériau est mince, on a utilisé la grille identitaire pour interpréter le texte, puisque «[e]lle est anglaise mais joue du corps français» (*CAS*: 17), faisant de l'incompatibilité linguistique la cause de l'échec de cette relation. À y regarder de plus près cependant, en particulier dans la bibliothèque de «elle» où «il» trouve les ouvrages de Virginia Woolf, George Sand et Simone [de Beauvoir] (*CAS*: 39), on pourrait invoquer d'autres causes de cet échec amoureux.

Dans *Les cascadeurs de l'amour*, l'amour est une passion dévorante — rendue par la métaphore du feu —, qui ne peut que mener à la catastrophe. C'est peut-être pour cette raison que la vie / le rôle de l'amoureux s'apparente à la situation du cascadeur, cet «[a]crobate qui tourne les scènes dangereuses d'un film, comme doublure de l'acteur», de celui «qui exécute des séries de chutes, de sauts (souvent en groupe)» (*Le Robert*):

> Ça sent le brûlé. [...] Elle dit: «C'est fini... Si on continue, on va se détruire...» / Ça sent de plus en plus le brûlé. [...] Tout à coup

---

17 Patrice Desbiens, *Les cascadeurs de l'amour*, Sudbury, Prise de parole, 1987, texte 5. Désormais, toutes les références à cet ouvrage seront indiquées par le sigle *CAS* suivi du numéro du texte, placés entre parenthèses dans le texte.

18 Elizabeth Lasserre, *Aspects de la néo-stylistique: étude des poèmes de Patrice Desbiens*, Toronto, Université de Toronto, 1995, p. 237. Voir aussi Elizabeth Lasserre, «Patrice Desbiens: Je suis le franco-ontarien» dans *Nuit blanche*, n° 62, hiver 1995-1996, p. 66.

> nous nous enflammons, mettant le feu à tout autour de nous. [...] Nous sautons d'une fenêtre du quatrième, main dans la main, feu dans le feu, nous roulons dans la rue, entre les voitures démolies, cascadeurs, cascadeurs, cascadeurs de l'amour et on nous applaudit. / On nous atteint. / On nous éteint. (*CAS*: 61)

Dans ce récit, tous les scénarios finissent en catastrophe: les deux histoires (celle inventée par la scénariste et celle du narrateur / scénariste) se télescopent. La première se termine de façon concrète par un accident (cascade manquée?) au moment même de la rupture du couple: «Elle dit: "C'est fini..." / Au coin de la rue, deux voitures se frappent avec un BOUM assourdissant. [...] C'est le jeune homme et la jeune femme du premier chapitre.» (*CAS*: 63) La seconde, celle du couple, aurait pu se terminer de la même façon: «Je nous vois tous les deux morts dans un accident de voiture par un beau dimanche après-midi.» (*CAS*: 37) L'amour et le cinéma sont intrinsèquement liés dans ce récit, avec cette histoire d'amour dont le narrateur / scénariste tente d'écrire le scénario, toujours «à recommencer» (*CAS*: 27, 58, 65). Dans *Les cascadeurs*, le récit est une quête d'amour avant d'être une quête d'identité. Cependant, dans une sorte de dédoublement de personnalité, le scénariste devient acteur dans son propre drame; il n'a ni le contrôle sur sa vie: «Je voudrais vous raconter ma vie, mais des cinéastes habillés en monde en ont déjà dressé un synopsis.» (*CAS*: 16), ni sur sa vie amoureuse: «il y a un scénariste assis à la table du salon. / Il prend des notes, il change déjà le cours de l'histoire. / Il nous fait répéter infiniment les mêmes mots, les mêmes gestes.» (*CAS*: 54) Le narrateur, à défaut de pouvoir vivre une histoire d'amour dans la «réalité», ne peut que la vivre au cinéma où il n'est qu'une doublure (le cascadeur), tout comme le personnage féminin appartenant à cet univers, « son nom écrit dans le flanc d'une montagne [...] comme le mot HOLLYWOOD qui surplombe la ville des anges perdus » (*CAS*: 19). Puis, « [s] on histoire devient de plus en plus terne » et il « veu[t] tout recommencer » (*CAS*, 58). À la fin, alors que « les pages du scénario sont éparpillées partout dans le bar » (*CAS*: 65), on devine que le narrateur était assis dans ce bar ou dans sa cuisine tout ce temps, revivant / imaginant ce récit, le récrivant sans fin, buvant bière sur bière pour noyer son chagrin et son désarroi. Par contre, c'est lui qui « étein[t] les lumières » avant de sortir puisque l'histoire d'amour est finie, mais en même temps « tout est à recommencer » (*CAS*: 65). Au fond, son scénario était encore celui d'un mauvais film, comme dans *L'homme invisible / The Invisible Man*. Du moins, c'est le seul qu'il est arrivé à écrire.

Une comparaison des deux récits permet de voir l'importance de l'amour dans l'œuvre de Desbiens et de constater que le cinéma nourrit son imaginaire. La comparaison permet aussi de voir comment ces deux récits marquent une évolution dans son œuvre. Ainsi, dans les deux textes, l'amour consume comme un feu, puisque la relation avec Katerine / Catherine dans *L'homme invisible / The Invisible Man* (*HI*: 31 gauche) a quelque chose d'analogue à celle de « il » et « elle » dans *Les cascadeurs de l'amour*: l'homme invisible et Katerine / Catherine sont « deux êtres humains en chaleur[19] » et « leur amour est une maison en feu. Du monde saute des fenêtres. [...] Leur amour est tellement chaud qu'il fait sonner toutes les alarmes. Les fausses alarmes... » (*HI*: 30 gauche). Et cet amour finit par s'éteindre lui aussi, devenant « un briquet

---

19 Patrice Desbiens, *L'homme invisible / The Invisible Man*, Sudbury, Prise de parole, 1981, p. 28 (gauche). En anglais, « [t] he invisible man had always had the hots for her » (*ibid.*, p. 28 droite).

qui s'allume de moins en moins souvent» (*HI*: 31 gauche). L'amour de Katerine ne suffit pas à rendre la visibilité à l'homme invisible; dans *Les cascadeurs de l'amour*, « [e]lle [lui] sourit et disparaît» (*CAS*: 19), alors qu'il «essaie de ne pas disparaître dans l'ascenseur de son regard» (*CAS*: 17).

Ce «clignotement», «l'apparaître-disparaître», déjà présent dans *L'homme invisible / The Invisible Man*, se développe comme un leitmotiv dans *Les cascadeurs de l'amour*, alors que le narrateur / scénariste voit «quelqu'un qui se faufile d'un poteau de téléphone à l'autre, disparaissant derrière eux comme dans les petits bonhommes» (*CAS*: 11). Le leitmotiv donne à réfléchir puisqu'il se présente chaque fois avec une variante. D'abord, c'est le narrateur / scénariste qui se voit; à la seconde occurrence, il a déjà perdu ce regard sur lui-même (*CAS*: 27); à la troisième, c'est «elle» qui voit la silhouette se faufiler et reconnaît le narrateur (*CAS*: 29); enfin, il est celui qui disparaît puis apparaît: «Je me faufile d'un poteau de téléphone à l'autre, disparaissant derrière eux comme dans les petits bonhommes. / Pour quelques secondes, je m'arrête et regarde vers sa fenêtre. / Elle me reconnaît immédiatement. / C'est moi.» (*CAS*: 33) Mais cette incertitude existentielle n'est pas liée à la langue ici. D'ailleurs, il ne veut pas ressembler à son personnage, Bill, qui «parle français avec un accent américain et [...] américain avec un accent canayen [et qui] ne sait plus trop qui il est» (*CAS*: 40).

Les cascadeurs de l'amour invite à explorer d'autres thèmes que celui de l'aspect identitaire (et linguistique) associé à l'homme invisible — tant le récit que la métaphore. *L'homme invisible / The Invisible* Man apparaît à la fois comme la prise de conscience d'une dualité existentielle et la tentative d'unification qui en résulte et qui aboutit à un constat d'échec: il n'a ni femme ni pays, donc pas d'identité, même pas de rôle dans un mauvais film. Dans *Les cascadeurs de l'amour*, le désir profond d'accéder à une certaine visibilité semble davantage associé au besoin d'être aimé. Comme si, effectivement, la tendresse était la seule adresse de Patrice Desbiens. Dans ce récit, « [i]l n'y a pas d'Homme invisible» (*CAS*: 9) parmi les personnages. Mais la dualité de soi avec soi (l'homme invisible) ou de soi avec l'autre (l'homme et la femme) n'est pas encore résolue. Ce n'est pas encore le scénario d'un film d'amour qui finirait bien.

Johanne Melançon
Sudbury, septembre 2008

L'homme invisible / The Invisible Man

À peine habitués au stéréo sonore, nous voici en face d'une nouvelle forme de stéréo verbal que d'aucuns trouveront difficile à décoder. L'histoire qui suit, élaborée dans deux langues maternelles paraît-il, par un seul auteur, sort des sentiers battus des éditions « bilingues » de Rimbaud, Neruda ou d'autres poètes. Ce genre de face-à-face on en a lu. Ici par contre la relation poète-traducteur est assumée par un seul auteur, Patrice Desbiens : le terme « bilingue de naissance » prend alors de nouvelles dimensions.

L'homme invisible est certes un personnage obscur, inconnu : son invisibilité même en est la preuve. Il ne possède rien, et ce dans les deux langues officielles de son sans pays. Comme dira l'auteur de son personnage, après quelques aventures : « Il a besoin d'une femme. Il a besoin d'un pays. Les deux le laissent tomber. » Mais ce rien, ce rien stéréophonique de l'homme invisible se compose d'une conscience lancinante, narquoise, brutale, vaudeville. Et les références, au demeurant des plus simples et banales, traduisent (si j'ose dire) une connaissance des plus intimes et douloureuses de plusieurs Amériques. Pour l'écriture on songera à Richard Brautigan, Kurt Vonnegut et parfois même Damon Runyon, et qui connaît Damon Runyon de nos jours ? Ou encore à « Rémi et Aline », lu peut-être en cinquième année à l'école Saint-Alphonse, Timmins, Ontario.

Il serait lourd, pédant et gauche (not necessarily in that order) de souligner l'à-propos de ce texte vis-à-vis une certaine condition franco-ontarienne de double dépossession (nouveau ! en stéréo !). Et même si on est en plein dans « la crise des quatre-vingt » évoquée par le regretté André Paiement, je prévois que ce

---

* Texte de présentation de l'édition originale, 1981.

The story that follows is perhaps unique in that one writer has created two original texts, in French and in English, which two Canadian publishers are proud to present in this co-edition. The author, Patrice Desbiens, like his character the invisible man, grew up in Timmins Ontario, more or less in two languages. That these languages are different, and cannot be translated as from algebra to geometry, can be especially appreciated by those who are able to read all the pages of this book: there is, after all, just one story here, but different things happen within each linguistic structure, different cultural reference points are established, so that this simple tale reveals an intimate knowledge of "the North American experience" north of the 49th. But more so, of what it means to exist inside this particular stereo sound stage, as the invisible man's dreams of American movies vividly demonstrate.

From Timmins to Quebec via Toronto, Rimbaud and Baudelaire, Johnny Cash and Carole King, Jimi Hendrix and Jesus do some serious resource extraction numbers on this invisible man. Witness the following exchange:

"I thought you said this was going to be a comedy", says the invisible man to the director of the bad movie.

"So now it's a comedy-drama", says the director, "get out there, suffer, and make it look funny..."

English is the language of the invisible man's dreams: the American movie sequences exist only in the English text. French is both the language of another culture, that of Baudelaire and Rimbaud, and of his own more immediate welfare existence. But, finally, the invisible man has two

* Text written for the first edition, 1981.

livre unique trouvera bien des détracteurs : « il ne propose pas de solution, c'est cochon, et il n'y a pas d'espoir », glou glou. Sale réalité alors, alors.

Le langage, les langages de ce livre se laissent facilement pénétrer, pour dévoiler des profondeurs insoupçonnées qui feront la joie des sérieux commentateurs ainsi que des amateurs et professionnels de l'intertexte. L'histoire qui se promène le long des textes français et anglais est la même ; elle est perçue, écrite et sentie différemment dans les deux langues et c'est sûrement comme il se doit. En anglais, par exemple, des passes de cinéma américain, le rêve de l'homme invisible ; « l'équivalent » en français c'est le bien-être et la vie qui dépend du « trou d'cul du gouvernement », sa réalité.

Mais ce que je veux dire vraiment, c'est combien ce récit / story m'a fait rire et pleurer et ricaner et rager. Il y a ici une simple et complexe authenticité inconnue des unilingues des deux bords de l'Outaouais, cette « Main » aquatique qui divise visiblement un terrain qui manque encore d'humanité.

« The invisible man has relatives all over Canada », nous apprend Patrice Desbiens dans une de ses langues maternelles. Peut-être que par cette aventure de coédition d'un texte original multiplié par deux, la parenté commencera à reconnaître son existence et, qui sait, à se reconnaître.

Des extraits de *L'homme invisible* ont été créés sur scène à l'Odéon de l'Université d'Ottawa et à La Nuit sur l'étang à Sudbury par l'auteur et la Troupe de la Vieille 17 de Rockland (Ontario).

Bonne lecture.
Robert Dickson

mother tongues — as the reader learns from the French text — and this strange conjuncture proves to be too much and not enough, all at once.

H.G. Wells and Ralph Ellison both are somehow subtectually part of this endeavour. There is somewhat of a Vonnegut-Brautigan-Grade 5 reader fusion in both texts which cuts right to the bone of the deprived existence of this invisible man who is unreal and, of course, all too real.

The story that follows is funny, sad, gut-wrenching, and/or pathetic. Whatever... Parts of it have previously been performed in public: at the Odéon of l'Université d'Ottawa, and at La Nuit sur l'étang in Sudbury by the author and la Troupe de la Vieille 17, of Rockland, Ontario. We hope and trust it will be a worthwhile reading experience.

Robert Dickson

1 ▪

L'homme invisible est né à Timmins, Ontario.

Il est Franco-Ontarien.

▪ 1

The invisible man was born in Timmins, Ontario.
He is French-Canadian.

2 ▪

Dans la ville de l'homme invisible, l'hiver est un état d'esprit.

Dans le pays de l'homme invisible, les saisons changent d'un jour à l'autre.

D'une personne à l'autre.

Ici, la télévision s'en raconte des bonnes, toute seule dans le salon.

Ici, tout le monde a peur de la mort et se dépêche...

▪ 2

In the invisible man's town, winter is a state of mind.

In the invisible man's country, the seasons change from day to day.

From person to person.

Here, televisions laugh and mumble to themselves in empty living rooms.

Everyone who lives here hates to be reminded of it.

3 ▪

En troisième année, à l'école Saint-Alphonse...

Une léthargie bruyante s'empare de l'homme invisible et ses doubles.

Quelque chose se prépare.

On ne sait pas quand, on ne sait pas où.

Le soleil regarde par les fenêtres.

Il leur rit dans face.

Le petit Jésus n'a rien vu.

Il se lève et va aiguiser son crayon.

▪ 3

In the third grade, in a classroom of St. Alphonse school...

A noisy lethargy invades the bodies of the invisible man and his classmates.

Something is brewing.

No one knows when, no one knows where or how.

Consciousness is the teacher helping you with your boots.

The sun looks in thru the windows.

He laughs in their faces.

Baby Jesus hasn't noticed anything special.

He gets up and goes to the pencil sharpener...

▪ 4

Le petit Jésus est né dans une grange pas loin de Timmins.

Jésus va aux mêmes écoles que l'homme invisible.

Mais Jésus est toujours meilleur dans tout, surtout les sports. Il a de l'ambition, ses parents le poussent...

▪ 4

Jesus was born in a barn just a short distance from Timmins.

Jesus goes to the same schools as the invisible man.

But Jesus is always better in everything, especially in sports. He has ambition, he wants to be a star, his parents push him.

▪ 5

La mère de l'homme invisible est très religieuse.

Elle invite souvent le petit Jésus à dîner avec eux. Elle l'invite tellement souvent qu'il décide de laisser sa grange et d'aménager avec eux.

La maman de l'homme invisible est toute rouge de sainte fierté.

Le petit Jésus s'installe sous le lit de l'homme invisible.

L'homme invisible sent venir l'Apocalypse comme un lundi matin.

▪ 5

The invisible man's mother is very religious.

She is very happy when Jesus comes over for supper. She is even happier when he stays overnight.

When he stays overnight, he sleeps under the invisible man's bed. Sometimes, the invisible man feels the bed moving up and down, scaring the shit out of him.

When he finally gets to sleep, he has dreams of an apocalypse that arrives hard and fast, like a Monday morning.

6 ▪

L'homme invisible joue aux cow-boys et aux indiens dans les rues de Timmins Ontario.

Tout le monde sait que les cow-boys ne parlent pas français.

Audie Murphy ne parle pas français. L'homme invisible est Audie Murphy. Il sait comment mourir.

« Hey, you sure know how to die!... » lui dit un de ses amis.

L'homme invisible, immédiatemant flatté, se fait tirer et meurt souvent.

Ce n'est que le commencement.

▪ 6

The invisible man plays cowboys and indians in the streets of Timmins Ontario.

Everyone knows that cowboys don't speak French.

Audie Murphy doesn't speak French. The invisible man is Audie Murphy. He really knows how to die.

"Hey, you sure know how to die!..." says one of his friends.

The invisible man, immediately flattered, gets shot a lot and dies as often as possible.

It's only the beginning...

▪ 7

Le petit Jésus est radioactif.

Tout le monde en ville commence à luire et à se comporter un peu étrangement.

Surtout la mère de l'homme invisible.

▪ 7

Jesus of Timmins is radioactive.

Everyone in town is starting to glow and act a little strange.

8 ▪

L'homme invisible est assis à son pupitre au Collège Sacré-Cœur Timmins Ontario anno domini.

Sous le pupitre un renard lui mange les jambes.

Le renard ronronne en mangeant.

Dans un champ pas loin du collège, des vaches regardent passer le ciel.

Les nuages sont beaux comme des moutons.

Comme des décalques sur le flanc d'un avion de guerre.

▪ 8

Everyone in town is starting to glow and act a little strange.
Especially the invisible man's mother.

Meanwhile, the invisible man is sitting at his desk in Sacred Heart College Timmins Ontario anno domini.
See the cat.
See the dog.
See that cat run.

See the fox.
The invisible man is very still and the fox is under his desk, eating away his legs.
See the furry fox.
See the furry fox hurry as it chews.

In a field not far from the school, cows look at the sky go by.
There are a few clouds in the sky.
Like decals on a fighter plane.

9 ▪

Surtout la mère de l'homme invisible.

Elle devient une danseuse.

Elle danse sur des creusets dorés.

Elle danse sur des portraits de saints.

Elle danse dans un va-et-vient affairé, vient-et-va, entre la cuisine et la chambre à coucher, mange et dort et dort et mange, et dort et prie et prie et dort.

Personne ne perçoit rien d'anormal dans sa façon d'agir parce que tout le monde agit pareil.

C'est une comédie musicale et la musique joue fort.

Vaisselle qui brise.

Especially the invisible man's mother.

She becomes a dancer.
She dances on gilded crucibles.
She dances to and fro, fro and to, between the kitchen and the bedroom, eat and sleep, sleep and eat, sleep and pray and pray and sleep.
Nobody notices anything abnormal in this behaviour because everybody is acting the same way.
It's a musical and the music is loud.

Breaking dishes.

10 ▪

Dans un rêve, l'homme invisible voit sa mère qui se noie dans une piscine pleine de Coca-Cola.

Il voit son père conduire la canadienne familiale dans la piscine pleine de Coca-Cola dans un effort désespéré de sauvetage.

Mais la canadienne est torpillée et coule rapidement.

C'est un coke sur glace.

Le petit Jésus plane au-dessus de tout ceci comme un hélicoptère. Le vent de ses hélices boréales empêche tout accès.

« Ce n'est pas un rêve ! » crie le petit Jésus à l'homme invisible.

En fait, l'homme invisible ne peut plus se réveiller. Le rêve continue, avec ou sans lui.

Once, in a dream, the invisible man saw his mother drowning in an ocean of Coca-Cola.

He saw his father drive the station wagon into the Coca-Cola in an attempt to save her.

But the station wagon was torpedoed and sank instantly.

His mother was still out there, yelling for help.

It was coke on the rocks.

He threw her a chocolate bar but it was too late.

11 ▪

L'ambulance vient chercher la mère de l'homme invisible.

Elle prétend amener sa mère visiter de la famille à l'autre bout de la ville.

▪ 11

The ambulance comes for the invisible man's mother.

It pretends to take his mother for a visit with some relatives at the other end of town.

12 ▪

La mère de l'homme invisible est devenue presque de la lumière pure.

Les gardes et les docteurs à l'hôpital sont obligés de porter des verres fumés presque tout le temps.

En tout cas, en fin d'compte et autres expressions absolument inutiles plus tard, la mère de l'homme invisible meurt.

« J'm'en vas voir le p'tit Jésus... » sont les derniers mots qu'elle soupire dans l'oreille de son fils.

Pour une minute, il avait peur qu'elle lui demande de l'accompagner, mais non, elle meurt et c'est tout.

▪ 12

The invisible man's mother has become almost pure light.

The nurses and doctors at the hospital have to wear sunglasses all the time.

Well, to make a long story short, the invisible man's mother eventually dies.

"I'm going to see Jesus..." are the last words she breathes into her son's ear.

When they finally covered her up, she was really glowing.

She was like a flashlight that couldn't be turned off.

13 ▪

La mère de l'homme invisible est morte.

Rimbaud et Baudelaire viennent aux funérailles offrir leur condoléances.

Le petit Jésus n'est pas là, évidemment. Il est allé passer ses examens d'entrée à l'université.

La mère de l'homme invisible est morte. C'est une autre sorte d'invisibilité.

Il ne pleure pas. Même la mort de sa mère ne le rend pas visible.

La tristesse se loue une chambre sans fenêtre dans son cœur.

Le jour découpe sa silhouette sur les lignes pointillées.

▪ 13

The invisible man's mother is dead.
The day comes down like a broken curtain.

Rimbaud and Baudelaire, two new friends of his, come to the funeral to pay their respects.

Jesus is not there. He left town a few days ago under mysterious circumstances.

"Who would've thought..."

"Such a nice young man..."

Sadness rents a room with no windows in the invisible man's heart.

14 ▪

La mère de l'homme invisible est morte.
Son père aussi.
Le petit Jésus l'a eu il y a longtemps à North Bay.

▪ 14

The invisible man's mother is dead.
So is his father.
Jesus got him a long time ago in North Bay.

15 ▪

Plus tard, dans le bureau du bien-être social, l'homme invisible rencontre Arthur Rimbaud, qui avait été son meilleur ami au Collège Sacré-Cœur.

Rimbaud est peigné comme Bob Dylan et fume une cigarette acharnée. Il lit un Time.

« Où est Baudelaire ? » lui demande l'homme invisible.

« Il est parti au Québec à la recherche de son identité », dit Rimbaud.

« Ah bon… »

« Bon ?… » demande Rimbaud.

« À part de ça, qu'est-ce qui se passe ? »

« I don't need this shit man !… » répond Rimbaud en éteignant sa cigarette dans le sourire vitreux d'un cendrier du bien-être social.

Peu de temps après, Rimbaud est parti au tabac.

On l'a jamais revu.

▪ 15

Later that life, the invisible man is sitting in the welfare office of Timmins Ontario.

Rimbaud has been there since early Monday morning. His hair is combed like Bob Dylan on the cover of Blonde on Blonde and he is smoking a fierce cigarette. With one hand he reads a Time magazine and with the other hand he plays with himself.

"Where's Baudelaire?" asks the invisible man.

"He's gone to Quebec in search of himself and a few of his friends", answers Rimbaud.

"Oh..."

"Oh?..." asks Rimbaud.

"So, what else is happening?" answers back the invisible man, trying desperately to change the subject.

"I don't need this shit and I don't need this town!" screams Rimbaud in retort. "There must be some way out of here. I'm heading south!"

He did and was never seen again.

16 ▪

L'homme invisible va s'ennuyer de Rimbaud.

Il était un peu bizarre mais il connaissait des bonnes farces.

Comment ça file d'être tout seul comme une meule à Timmins Ontario.

▪ 16

The invisible man is going to miss Rimbaud.

He was a bit weird but he knew some good jokes.

17 ▪

L'homme invisible continue son école.

Il vit du bien-être social et le bien-être social vit de lui, le tenant sur place à Timmins Ontario comme une mouche dans une fenêtre.

Comme une guêpe dans une jarre.

Le petit Jésus, n'ayant plus besoin de lui, est parti en voyage autour du monde. C'est une récompense que ses parents lui ont offerte pour avoir été accepté à l'université.

Mais, infortunément, il a laissé beaucoup de disciples derrière lui.

L'homme invisible, fortunément, n'en est pas un.

L'homme invisible n'est plus aussi bon à l'école.

Ça ne lui dit plus rien.

Il ne gagne plus de concours d'orthographe.

Il a découvert le sexe et la poésie.

Pas de drogue miraculeuse. Pas de guérison pour le cancer. Pas de nouvelles planètes. Pas de nouvelles étoiles.

Juste le sexe et la poésie.

Et le goût de partir.

▪ 17

The invisible man tries to go on with his schooling.

He's living off welfare and welfare is living off him, holding him in Timmins like a fly in a window.

Like a bee in a jar.

Used to be, the invisible man was invincible in school.

But now.

He wanted to be a scientist and discover things.

A cure for cancer. New stars. New planets.

Somebody in Toronto already beat him to the discovery of penicillin.

And now.

Just sex and poetry.

And a taste for leaving.

Every time he walks down the street that leads out of town, his thumb breaks into a rash.

18 ▪

Une belle journée de juin, l'homme invisible décide de partir.

Il ramasse sa carcasse et laisse Timmins derrière lui, comme aurait fait Audie Murphy parce qu'il n'y a plus de méchants cow-boys à tuer.

▪ 18

One day during a month of June, the invisible man writes a poem about his mother and calls it Grandmother Peppermint.

He puts a feather in his hat and calls it poetry.

He sticks out his bandaged thumb and leaves Timmins like the sheriff who leaves town because there are no bad guys left.

19 ▪

L'homme invisible fait du pouce, direction Toronto.

Il participe à la Grande Illusion Des Années Soixante.

Paix et Amour et tout est beau et tout le monde se promène avec un couteau dans l'dos.

On ne voit pas souvent l'homme invisible durant cette période de sa vie.

Mais il est là, juste sous la surface des choses, comme un sous-marin.

La langue dans la poche.

Jimi Hendrix à la radio.

▪ 19

The invisible man hitch-hikes to Toronto and takes part in Doug Henning's greatest illusion : the Sixties.

He becomes a hippie and disappears into Yorkville's shiny swamp.

He is not seen or heard from for a long time.

But he's still there, just underneath the surface of things, like a submarine.

20 ▪

Le temps passe comme des motoneiges dans les yeux de l'homme invisible.

Jours jours jours.

Semaines semaines semaines.

Mois mois mois.

▪ 20

Time goes by like cars in the invisible man's eyes.

Days days days.

Weeks weeks weeks.

Months months months.

21 ▪

Lorsque l'homme invisible fait enfin surface, c'est près d'un chemin de fer quelque part en campagne au Québec.

Enlevant les mottes de terre noire qui collent à son linge, il s'avance vers le chemin de fer.

Il y a une fille attachée aux rails.

D'après son teint bronzé, l'homme invisible devine qu'il y a longtemps qu'elle est là.

« Comment t'appelles-tu ? » il lui demande.

« Pauline », elle répond.

« Pourquoi es-tu attachée à cette voie ferrée ? »

« N'est-ce pas ainsi pour tout le monde ? » demande-t-elle.

« Pas pour moi », répond l'homme invisible.

Se rendant compte de leur situation, ils tombent tous deux follement en amour.

▪ 21

When the invisible man finally resurfaces, it is near some railroad tracks somewhere in the countryside of Quebec.

Brushing the dirt off his clothes, he walks over to the railroad tracks.

There is a girl tied to the tracks.

He can tell by her tan that she has been there a long time.

“What’s your name?” asks the invisible man.

“Pauline”, she answers.

“How come you’re tied to these railroad tracks?”

“Isn’t everyone?” she replies.

“I’m not...” says the invisible man.

Realizing their situation, they immediately fall in love.

22 ▪

Pauline est une fille hippie qui a presque dix-sept ans.

Elle vit dans un petit village où il y a un hôtel une église et une patinoire comme divertissements.

Il y a une rumeur qui dit qu'elle baise tout ce qui bouge.

Mais elle n'a jamais couché avec un homme invisible.

Le frère de Pauline est le batteur pour l'orchestre de rock and roll local.

L'orchestre joue beaucoup de Jefferson Airplane et finit toujours la soirée avec California Dreamin'.

California Dreamin' tandis que dehors une tempête de neige mange la lumière.

Pauline est la fille la plus cochonne que l'homme invisible ait jamais rencontrée.

Il commence à parler français de plus en plus.

▪ 22

Pauline is a French-Canadian hippie girl.

She's just seventeen and you know what I mean.

She lives in a small Quebec town that has a hotel a hockey rink and a church for entertainment.

She is rumoured to fuck anything that moves.

But she has never fucked an invisible man.

Pauline's brother is the drummer for the local rock band.

They play a lot of Jefferson Airplane and always end their set with California Dreamin'.

California Dreamin' while outside the snow eats away the streetlights.

Pauline is the sexiest girl the invisible man has ever met.

His French starts getting better and better.

23 ▪

« Quand vas-tu revoir Pauline ? » demande un ami.

« Comment sais-tu que Pauline... ? » demande l'homme invisible.

« Ben voyons ! Tout le monde sait que Pauline... » répond l'ami.

« Dive ! Dive ! Dive ! » crie l'homme invisible à l'équipage de son sous-marin.

▪ 23

“When will you see Pauline again?” asks a friend of the invisible man.

“How did you know that Pauline...?” answers the invisible man.

“Everybody knows that Pauline...” answers the friend, smiling like a piece of cheese.

“Dive! Dive! Dive!” yells the invisible man to his submarine crew.

24 ▪

La prochaine fois que l'homme invisible refait surface, il se trouve dans la ville de Québec.

Au coin des rues Saint-Jean et Sainte-Ursule, deux hommes en costume de Superman et de Batman se grattent la poche.

Ils ont les yeux minces de nuit.

Ils sont à la recherche éternelle de l'homme invisible ou de quelqu'un comme lui.

L'homme invisible ne prend pas de chance.

Il est de l'autre bord de la rue, dans un restaurant chinois géré par des Grecs qui sert des mets canadiens.

Il observe Superman et Batman, un sourire sarcophage collé aux lèvres.

Il mange un steak haché.

(Pas d'oignons.)

▪ 24

The next time the invisible man surfaces, he is in Quebec City.

On the corner, two guys in Superman and Batman costumes are scratching their balls and discussing last Saturday's hockey game.

Their eyes are thick with the mascara of night.

They speak a very good French.

The invisible man is in a restaurant across the street.

He is sitting by the window.

A sarcophagus smile is carved into the wax of his face.

He orders a hot hamburger sandwich.

Well done.

No onions.

In French.

25 ▪

Voilà l'homme invisible qui se promène le long des rues de la ville de Québec.

Planant sous la surface des choses comme un sous-marin.
La seule partie de lui-même qu'il révèle est son périscope.

Apparaît.
Disparaît.
Apparaît.
Disparaît.
Le jeu de l'homme invisible.
Attention tassez-vous le vlà qui repart.
Glouglou glouglou.

▪ 25

So the invisible man is walking along and around the streets of Quebec City.

Gliding like a submarine just beneath the surface of things.

The only part of himself he ever shows to people is his periscope.

Appear.
Disappear.
Appear.
Disappear.
The game of the invisible man.
Look out stand back there he goes again.
Gurgle gurgle.

26 ▪

L'homme invisible est maintenant un résident permanent du Québec. Sa première résidence permanente depuis Timmins.

Il est au pays des beaux dimanches. Il a reçu sa citoyenneté : un premier chèque du bien-être social. La main chaude du gouvernement sur ses fesses.

C'est ici que les vraies aventures de l'homme invisible commencent. C'est ici aussi que le drame et la comédie de sa vie deviennent un, deviennent complètement indistincts l'un de l'autre, des jumeaux de la douleur.

▪ 26

So the invisible man is walking along and around the streets of Quebec City.

So one thing leads to another.

So one life leads to another.

So one thing leads to another and the invisible man starts to make many friends in Quebec City.

He falls in love in French.

He falls in love in French.

He falls in love in French.

He's got a Frog in his throat.

27 ▪

L'homme invisible se promène visiblement le long des rues. C'est ça qu'on fait quand on est sur le bien-être...

Tout le monde qu'il rencontre lui est étrange.

Tous ces visages d'étrangers.

Il les connaît tous.

Monte la rue... Descend la rue...

Descend la rue... Monte la rue...

Ah si mon moine voulait danser...

L'homme invisible se voit réfléchi partout, dans toutes les vitrines.

Son regard se regardant.

Les magasins fermés.

▪ 27

The invisible man goes on and on.

Like someone driving from stop sign to stop sign.

Looking for someone like someone keeping his eyes open for a last chance gas station.

Looking for a country like someone fumbling for a light switch in the dark.

28 ▪

Et soudainement, voici l'homme invisible qui travaille dans un magasin de disques. Le magasin de disques est plein de bonne musique scellée et congelée comme du steak haché dans un supermarché. Yum-yum mange mes pommes bébé...

C'est la première job de l'homme invisible. Job, rappelons-nous, c'est le nom du gars dans la Bible qui s'est fait chier dessus par Dieu. Dieu c'est pas juste un pigeon.

En tout cas, il travaille, reçoit ses chèques, les dépense, et prend un coup après cinq heures avec les gars.

Il devient presque normal.

Jusqu'à ce que, un jour.

*

Un ange descend du ciel et vient le visiter au magasin. L'ange s'appelle Katerine. Katerine est belle comme le printemps en costume de bain et elle vient de casser avec son mari. Elle vient de passer deux trois hivers en campagne et elle a besoin d'une bonne bûche dans son poêle.

Elle vient le voir au magasin et lui dit: «Il faut qu'on se parle...» Et l'ange dit à Marie, ou à son mari: «Surprise!»

Katerine et l'homme invisible vont prendre un café ensemble. Il y a longtemps que l'homme invisible est bandé sur Katerine. Deux êtres humains en chaleur dans un restaurant et le café se refroidit. L'homme invisible retourne au travail, rouge comme une tomate qui a attendu juste le bon moment pour être mangée...

▪ 28

Suddenly, the invisible man is working in a record store.

Suddenly, an angel comes down from the telephone wires to save him.

The angel's name is Catherine, someone he's known off and on ever since he came to Quebec.

She has just broken up with her husband after spending many winters in the country.

She is a farm badly in need of fertilizer.

The invisible man has always had the hots for her.

She makes it perfectly obvious that she now feels the same way about him.

"We have to talk..." she says.

29 ▪

Pour un bout de temps, l'homme invisible et Katerine font l'amour sur les divans de divers amis. Les divers amis se posent beaucoup de questions.

La première fois que l'homme invisible fait l'amour avec Katerine, il entre dans elle comme dans une église. Dans l'église il y a des lampions allumés et deux ou trois sœurs qui prient. Il éteint les lampions et noie les sœurs instantanément.

▪ 29

The first time the invisible man enters Catherine's body is on some friend's couch.

He enters her body like a church.

There are candles and mumbling nuns in the church.

As his sperm extinguishes the candles and drowns the mumbling nuns, his whole body goes into spasms.

"AAAAAAAAAAAAAAMen!..." he yells.

30 ▪

Katerine et l'homme invisible décident de vivre ensemble. C'est une décision de dernière minute.

Leur amour est une maison en feu. Du monde saute des fenêtres. C'est urgent... On appelle les pompiers... Les pompiers appellent la police... Leur amour est tellement chaud qu'il fait sonner toutes les alarmes. Les fausses alarmes...

Katerine et l'homme invisible louent un appartement sur une petite rue pittoresque de la belle ville de Québec.

En premier, ils n'ont pas de lit, même pas de matelas, ils font l'amour sur le plancher de la cuisine. Le plancher de la cuisine est dur et froid et Katerine pleure souvent sous les affections de l'homme invisible...

▪ 30

The invisible man keeps working at the record store and moves in with Catherine.

At first they don't have a bed, so they fuck on the kitchen floor.

At first their love is so hot it burns the plaster off the walls.

The smoke sets off the alarms in the apartment building.

But not in the invisible man's head...

*

Catherine, like most angels, is just resting her wings between clouds.

She is desperate and dangerous.

She's bound for glory.

The invisible man first realizes he's in trouble when some of his best friends start coming to serenade Catherine under their bedroom window.

31 ▪

L'amour de Katerine et de l'homme invisible brûle comme un feu au vent. Mais comme tout bon feu il a besoin de vent pour survivre. Il a besoin d'oxygène.

Après quelque temps, il devient évident que Katerine, comme n'importe quel ange, ne fait que reposer ses ailes entre deux nuages.

Elle est partie pour la gloire.

L'homme invisible sent s'éteindre le feu lorsqu'un chœur d'hommes très visibles vient chanter des alléluias sous la fenêtre de leur chambre.

Et peu à peu, leur amour devient un briquet qui s'allume de moins en moins souvent.

Un bec aussi éphémère qu'un Bic atterrit sur les lèvres de l'homme invisible.

*

L'homme invisible a tellement besoin de la chaleur de Katerine. Il a attendu si longtemps pour ce moment. Il a du travail, il gagne de l'argent, il boit avec les gars, il est si près d'être visible. Et avec Katerine, il est encore plus près.

Mais une nouvelle ère glaciale descend sur lui. Elle fond dans ses mains comme une crème glacée aux fraises. Il est obligé de ramasser sa carcasse comme une valise et de déménager. Il a besoin d'une femme. Il a besoin d'un pays. Les deux le laissent tomber.

▪ 31

After a while, the invisible man starts to notice that their love doesn't have the flame it once had.

Like a lighter that doesn't work anymore.

A Bic lighter.

Catherine is bound for glory.

The invisible man is trapped in the no man's land of her holy war.

The bullets pierce his body from both sides.

It happens so fast that there is no time for peace talks.

32 ▪

Troué de tristesse et saignant de partout, l'homme invisible perd sa job.

L'homme invisible est perdu.

Pardu.

Pardrix.

Il va dans la cuisine et oublie pourquoi il y est allé.

Il va dans la chambre de bain et oublie pourquoi il y est allé. Il fait partir l'eau...

Il développe une érection. Il ne se rappelle plus pourquoi.

▪ 32

The invisible man goes into the kitchen of his unemployment apartment and forgets why.

He goes into the bathroom and forgets why.
He flushes the toilet.
He develops an erection.
For the life of him, he can't remember why.

He goes to bed and wakes up.
He goes to bed and wakes up.
Sometimes the way she moves.
Sometimes he wakes up dead.

33 ▪

Dans la mémoire tampax de l'homme invisible, le sang des souvenirs, le sang des images est absorbé à une vitesse lancinante.

L'homme invisible n'ose plus rien dire, n'ose plus rien faire.

Il devient un bateau dans une bouteille.

Il développe des pouvoirs de caméléon. Il s'en sert de plus en plus souvent.

Il glisse d'une personne à l'autre, d'une femme à l'autre, d'un pays à l'autre comme un lézard d'une roche à l'autre.

Pour un moment, il pense à quelque chose, à quelqu'un.

Mais l'instant d'après, il se secoue la tête et, d'un coup de sa langue fourchue, commande une autre bière...

▪ 33

The invisible man develops chameleon powers.

When he has had one too many, he likes to show off his chameleon powers.

But not always.

Just sometimes.

Most of the time, he likes to stare at the girls in the bar, wishing he had one of his own.

But for now, all he can do is flick his lizard tongue at the waiter and order another of many drinks.

The evening crinkling around him like a brown paper bag.

34 ▪

Le temps passe comme des voitures et des camions dans les yeux de l'homme invisible.

Son ombre n'est plus ce qu'elle était.

▪ 34

Mysteries move thru the air above the invisible man like a flight of World War Two bombers.

He looks up at them like a city in ruins.
He wishes there was an easier way of becoming a visible man.
He doesn't know if he's going to survive the war.
He doesn't even know whose side he's supposed to be on.

35 ▪

L'homme invisible se réveille toujours bandé et avec un mal de bloc.

La bouteille de Saint-Georges vide.

Le cendrier plein.

Dans la mini-cassette de son cœur des conversations sans paroles passent comme des bandes dessinées syndiquées...

« Christ qu'y fait frette ! »

« Oui... »

« As-tu une cigarette ? »

« Non... »

« Katerine, je... »

Silence...

« Christ de pays sale !... »

The age of innocence is dead.

The invisible man loses his job and becomes a wino.

It's all part of the movie.

It's an old movie.

It's a bad movie.

All the actors are prisoners of the bad movie's plot.

A thousand extras wander thru the streets, looking for the end of the movie.

*

The invisible man becomes a wino.

He gets up, gets dressed, has a coffee and goes directly to the liquor store.

He does not pass GO. He does not collect two hundred dollars.

He goes straight to the liquor store, dragging his veins behind him in the street.

A sliver of sun in his head.

*

The invisible man wakes up with a hard-on and a hang-over, not necessarily in that order.

Empty bottles.

Full ashtrays.

Silent conversations cross his mind.

"Christ it's cold!"

"Yeah..."

"Gotta cigarette?"

"No..."

« Catherine, I..."

« Christ what a country!..."

The invisible man rubs his hard-on and reaches for the aspirin.

36 ▪

L'homme invisible rêve de se jeter du haut du pont Pierre-Laporte.

Il tombe et tombe et tombe sous le ciel bleu et blanc au-dessus du Saint-Laurent gris.

Sa chemise fait un bruit de drapeau au vent.

Sa chemise blanche.

▪ 36

The invisible man sees himself jumping from the top of the Pierre Laporte bridge.

His shirt explodes around him like a flag in the wind.

His white Arrow shirt.

He disappears before reaching the grey waters of the St. Lawrence.

Special effects.

37 ▪

On dirait que plus rien de drôle n'arrive à l'homme invisible. Vous rappelez-vous du petit Jésus ?... Ha ha ha ha. Ha ha. Ha... Rire n'est plus drôle. Un sens unique avec un cul-de-sac au bout... Un sac de culs... Ha. Ha ha...

The invisible man goes on starring in the bad movie.

The invisible man, part 1.

The invisible man, part 2.

The bad movie's producers are thinking of developing a television series around it.

38 ▪

L'hilarité calculée des femmes sur les couvertures de livres de cul dans la tabagie.

Leur sourire invitant.

Leur peau cellophane.

Leurs et ceteras.

Toutes les femmes sur toutes les couvertures de tous les livres de cul tournent leur hilarité vers l'homme invisible.

Il s'aperçoit soudainement que plusieurs de ces filles sont peut-être des Canadiennes françaises qui ont changé de nom...

▪ 38

Sometimes, the invisible man feels like Jerry Lewis doing pratfalls for muscular dystrophy.

He works without a stuntman.

39 ▪

L'homme invisible s'enferme dans sa chambre à coucher, il tire les rideaux et allume toutes les lumières.

Il se déshabille complètement.

Il ouvre une revue à la page 88.

Photo d'une femme nue en noir et blanc.

Il place la revue ouverte à cette page sur le lit.

Immédiatement inspiré, immédiatemant aspiré, l'homme invisible se masturbe mélancoliquement.

Les taches de sperme apparaissent comme par magie sur le corps de la femme.

La femme le regarde directement dans les yeux. Son regard est aussi vide que le frigidaire de l'homme invisible.

L'homme invisible est en amour.

Il jette la revue à la poubelle et s'ouvre une canne de binnes. Il jette la canne de binnes sur la femme dans la revue dans la poubelle. Il mange les binnes voracement...

Après quoi, l'homme invisible se couche, la main sécure et loyale sur les fesses blêmes de l'époque...

*

« I'd like to fuck them all!... » crie l'homme invisible dans sa langue maternelle.

Il n'a plus d'argent pour boire. Il n'a plus d'appétit.

Le matin lèche les fenêtres et l'homme invisible n'a pas encore dormi. Il est malade, la tête lui tourne, il y a un cirque dans son estomac. Le cirque est un feu.

« Je voudrais toutes les fourrer!... » crie l'homme invisible dans sa langue maternelle.

Il court aux toilettes et vomit violemment.

Delirium tremens.

Delirium Timmins.

▪ 39

The morning licks the windows of the invisible man's apartment.

He feels sick and his head is spinning.

There is a circus in his stomach.

The circus is on fire.

"I'd like to fuck them all!..." screams the invisible man in his mother tongue.

He runs to the washroom and vomits violently.

40 ▪

–10 degrés Celcius dehors et l'homme invisible attend une solution à tout ceci.

Il attend une solution et son chèque de chômage.

Son chèque de chômage arrive avec un bruit d'accident dans sa boîte à malle.

Solution temporaire.

Ce soir, l'homme invisible pourra fêter. Il pourra manger et boire. Surtout boire. Il aura un choix entre traîner les rues et traîner les bars. Rencontrer les Cléopâtre et les César. Les Baudelaire et les Johnny Cash. Éviter les amis. Embrasser l'ennemi. Boire jusqu'à la mutation. Vanter ses pouvoirs de caméléon. Laisser la jungle des chairs devenir son habitat naturel. Laisser les balbutiements babyloniens de la boisson brûler sa langue...

Solution temporaire.

Comme une télévision empruntée.

L'homme invisible sort de son trou comme le lézard tacheté qu'il est, cherchant de la nourriture dans la pourriture...

Sa langue fourchue furtivement fouillant les vitrines de la rue Saint-Jean...

*

The invisible man's tongue is twisted into knots.

The French dialogue is in English subtitles and the English dialogue is in French subtitles.

But it's still a bad movie.

The movie ends when all the actors are dead.

*

"I thought you said this was going to be a comedy", says the invisible man to the director of the bad movie.

"So now it's a comedy-drama", says the director, "get out there, suffer, and make it look funny..."

40 suite ▪

On dirait que ça fait toute sa vie que l'homme est sur le chômage.

Les chèques n'arrêtent pas de tomber dans la boîte à malle.

Ils tombent régulièrement, comme des petites crottes brunes, directement du trou d'cul du gouvernement.

*

Un jour, le gouvernement souffre de constipation.

L'homme invisible est obligé d'aller directement au trou d'cul pour voir ce qui se passe.

Il entre dans le trou d'cul, s'essuie les pieds et va s'asseoir sur une chaise en attendant son tour.

Il attend. Il attend. Il attend. Il attend. Il attend. Il attend. Il attend. Il att — on crie son nom.

C'est à son tour. Il enlève son manteau comme on enlève un bandage.

C'est l'heure de l'entrevue des chômeurs.

*

« Est-ce que tu as cherché du travail ? » on demande à l'homme invisible.

« Peux-tu me dire où t'as fait des demandes d'emploi ? »

« Pourquoi pas ? »

« As-tu des problèmes d'alcool ? De drogue ? » (Il a remarqué son invisibilité.)

L'homme invisible ne peut pas répondre. Il a la langue dans poche d'en arrière de ses jeans sales. Il est assis sur sa langue. Elle lui fait mal.

« Bon... on va garder un œil sur toi... ton genre, on connaît ça... au suivant... » dit ce fonctionnaire dangereusement visible.

Le gouvernement se déconstipe momentanément et l'homme invisible se retrouve dans la rue, essoufflé et blême.

L'homme invisible sait maintenant qu'un jour, le gouvernement va se lever du bol de toilette, se torcher, et faire partir l'eau.

Et l'homme invisible, dansant comme une coquerelle dans le tourbillon d'eau brune, disparaîtra dans les tuyaux rouillés de la ville.

En attendant, le gouvernement continue de chier, achevant de lire un rapport financier très intéressant.

41 ▪

L'homme invisible se promène le long des rues de la belle ville de Québec.

C'est une journée magnifique, pas un nuage.

Dans le ciel laminé, un avion passe, traînant derrière lui la phrase suivante :

« Il s'est tiré une balle dans tête... »

Quoi ?!...

*

Quoi ?...

« Il s'est tiré une balle dans tête... »

Passant dans le ciel laminé au-dessus de l'homme invisible comme une chanson de Carole King.

Comme une chanson qu'on entend trop souvent beaucoup trop souvent à la radio.

▪ 41

The invisible man is lost like a lion in the streets of the city.
He's just spent the night with Cleopatra and he's hungry.

(Cleopatra was very skinny and not as pretty as he thought she would be.
She didn't look like Elizabeth Taylor at all.
She was no natural velvet.)

Anyway, he was so drunk that night that orgasm was like a distant relative he'd heard about but never met.

*

The invisible man has relatives all over Canada.

42 ▪

Les saisons se pilent les unes par-dessus les autres à une vitesse folle.

Le temps passe si vite que les jours sont devenus un clignotement continu.

*

Les violons saoulons de l'automne jouent une musique triste dans les yeux de l'homme invisible.

Voices in the sky.
Lights in the sky.
Silence cracks like cellophane.

Well well.
Voices from the sky.
The invisible man doesn't quite understand what they're talking about.
He runs out,

goes to a bar and stays until closing time.
The waiter escorts him out.
Goodbye. Goodbye.
A choice of deaths.

*

Outside, it's winter.
It's telephone pole cold.
Cars and skidoos drive thru the invisible man like he was made of smoke, like it was such a sensible, logical thing to do.
He makes it home and throws himself on the bed like an old overcoat.
Sweet oblique oblivion.
Slowly going crazy like the lightbulb on the ceiling.

*

The days go by faster and faster.
The sun a strobe light in the sky.

43 ▪

L'homme invisible comprend qu'il sera bientôt obligé de repartir. De tout vendre avant d'être lui-même vendu à l'idée de mourir sur place. De courir sur place…

Il feuillette le billet aller-retour de sa langue.

Le billet prend feu et se recroqueville dans le cendrier de sa bouche.

The invisible man had a woman.

Now he can't even remember her name.

The invisible man had a country.

Now he can't even remember its name.

He thought all French-Canadians worthy of their name belonged there.

Sunken ships in his sunken eyes.

His pain has no name.

Drunken French-Canadian fiddlers play sad music in the background.

Some of them are laughing.

44 ▪
L'homme invisible reçoit son dernier chèque de chômage.
Il le change en chèques de voyage canadiens.

▪ 44

"We've decided to replace you..." say the producers of the bad movie.

"But why?..." asks the invisible man.

"Well," they reply, "we've been looking at the rushes and everytime you open your mouth nothing comes out..."

"...!" says the invisible man...

45 ▪

Tiens...

Où est l'homme invisible ?
Il était là il y a quelques instants.
On frappe à sa porte.
Fouille ses poches.
Fait sonner le change dans ses poches.
Frappe encore.
Rien.
Tiens...

▪ 45

The invisible man gets his last cheque from the bad movie's studio.

He changes the money into American travellers' cheques.

Someone knocks at his apartment door.

The invisible man doesn't live here anymore.

46 ▪
L'homme invisible est dans le restaurant de la gare centrale d'autobus de la belle ville de Québec.

Il boit un café.

Son autobus part dans une vingtaine de minutes.

Au-dessus de la gare le ciel est bleu et beau.

Comme tout ce qui est beau, il ne répond à aucune question.

▪ 46

As the bus pulls out of the station, the invisible man looks out the window.

The sky is lightning blue and beautiful.

Like everything else that is beautiful, it answers no questions.

Les cascadeurs de l'amour

1

Je commence ici. Dans ce corps qui me fait comme un vieil imperméable.

Je commence dans la mémoire de cet homme qui vit dans ce corps. Cette mémoire encombrée comme une garde-robe l'hiver, comme le lit de la chambre à coucher quand il y a de la visite...

C'est l'hiver et je me cherche un restaurant pour prendre un café. J'en trouve un qui fait le coin de deux rues, avec de grandes fenêtres.

La porte colle et un jeune portant un blouson de faux cuir trop grand pour lui vient m'ouvrir. Le jeune sourit à travers son acné et va se rasseoir avec sa blonde qui est la seule autre personne dans le restaurant.

Elle est aussi la seule serveuse.

Elle ressemble à Alice au Pays des Merveilles. Elle fume comme si elle venait juste de faire l'amour.

Je les vois tous deux morts dans un accident de moto par un beau dimanche ensoleillé.

2

Malgré tous les beaux mots, on se ramasse toujours à l'eau.

On voit l'image, l'image est belle, on trouve la personne dans l'image belle sans penser à la caméra.

Je bois mon café qui est mauvais, mais chaud, tandis que le juke-box agonise dans un coin.

Je m'ennuie de personne.

Pour le moment.

3

Drôle de ciel.
Moitié tempête, moitié beau temps.
Quelle ville est-ce ?
Une ville comme une autre.
C'est pas vrai.
La ville est dans moi comme une femme.
Quelle femme est-ce ?
Une femme comme une autre.
C'est pas vrai.
La terre glisse sous les nuages.

4

D'ici je vois ce qui joue au cinéma du quartier.

Burt Reynolds est confortablement installé par-dessus Cendrillon.

5

Je bande sous la table du restaurant où je suis assis.

La jeune serveuse et le jeune homme en faux cuir sont revenus de leur accident de moto. Ils sont saignants de soleil et leurs tripes s'entrelacent sur le plancher.

Le juke-box tousse et s'éteint.

Je paie mon café et je sors.

Je vais vivre dans le passé et aller la voir ce soir.

La voir.

L'avoir.

6

Chaque fois que je la revois, je pars en brosse pour trois jours. Pour toujours.

Je me promène dans les rues comme un caillot de sang, cherchant une place pour tout faire sauter.

Le monde est plein de violence.

Je n'en suis qu'une toute petite partie.

Vous êtes le reste.

7

Sa main sur mon sexe.

On se traîne et on s'entraîne vers le lit.

Le lit s'ouvre et on y tombe comme des bombes lâchées sur des villes entre 1939 et 1945.

Les lumières s'éteignent et les sirènes caressent la nuit.

8

Le jour entre par les très grandes fenêtres comme du beurre sur une brûlure.

Je suis une face dans son lit, une face blême et barbue dans son lit et dans son miroir, et elle est déjà debout.

Elle se promène à travers l'immense appartement, se préparant du café, se préparant pour un cours. Elle cherche le chapeau de son enfant tandis qu'il pleure : il ne veut pas aller à la garderie, il ne veut pas porter ce chapeau-là. Il pleure d'un œil et me fixe de l'autre.

Finalement, l'enfant pique une crise. Il devient une flaque de colère et de larmes sur le plancher de bois franc. La colère d'un enfant ne permet aucun mensonge.

Je me demande ce que je fais ici.

Elle se pose probablement la même question.

Elle ramasse l'enfant sous un bras, des notes de classe sous l'autre, me lance un bec qui tombe un peu court et elle part.

Silence et givre sur les fenêtres.

9

Je suis de retour chez moi.

Le présent et le passé rentrent et sortent l'un dans l'autre, comme deux postes de radio pris sur la même bande.

Il n'y a pas de futur.

Il n'y a que des factures.

Il n'y a pas de Père Noël.

Il n'y a pas de Lapin de Pâques.

Il n'y a pas d'Homme Invisible.

Il n'y a que moi et la noirceur du téléphone qui cogne sur les murs.

Il y a la température.

Je prends une bière en attendant la malle. Je ne vois plus de différence entre les factures et les lettres d'amour.

10

Je me promène de long en large dans mon appartement.

Je me promène d'une fenêtre à l'autre.

Chaque fenêtre a un paysage différent, une ville différente, mais c'est toujours le même monde qui passe dans la rue.

C'est toujours la même femme.

11

Par une des fenêtres, je vois soudainement quelqu'un qui se faufile d'un poteau de téléphone à l'autre, disparaissant derrière eux comme dans les petits bonhommes.

Pour quelques secondes, il s'arrête et regarde vers ma fenêtre.

Il me reconnaît immédiatement.

12

Je me réveille encore près d'elle.

Je suis couvert de ces caresses qu'on n'oublie pas.

Elle est belle, comme par habitude.

Elle est belle, sans faire exprès.

Elle est toujours la dernière personne que je m'attends à voir dans mon lit.

Elle a placé son enfant chez ses parents pour la fin de semaine et elle dort, elle dort comme une toupie sur l'axe du jour.

Ça pourrait être n'importe quelle ville.

Ça pourrait être n'importe quelle femme.

Je me lève.

Je vois mon linge dans une pile sur le plancher comme si j'avais été, sans avertissement, transmis par télépathie jusqu'à la planète de son corps.

Dehors, il n'y a pas de saison particulière.

Les nuages s'étendent à perte de vue, gris et graisseux comme des tampons savonneux.

Je vais dans la cuisine et je me prépare un café instantané.

La bouilloire qui siffle.

La chatte qui miaule.

Je regarde par la fenêtre.

Je vide dans l'évier le café que je n'ai pas touché.

Je me sors une bière du frigidaire.

Je l'ouvre.

J'en prends une gorgée.

Je regarde par la fenêtre.

Je me tourne la face à la cuisine et je suis seul.

Elle est dans ma chambre.

Elle est assise sur le bord du lit comme une femme assise sur le bord d'une rivière.

Elle est seule.

Nous sommes seuls.

13

Quand je pense à elle, je deviens une statue sur ma chaise. Les insectes viennent boire dans mes yeux.

Quand je pense à elle, mon cœur se serre comme une valise trop pleine.

14

Avec son enfant dans ses bras, avec son enfant dans ses bois, elle se promène à travers l'espace perdu de son appartement, changeant de costume, de coutumes d'une pièce à l'autre.

Elle est fatiguée. Des gares d'autobus désertes dans ses yeux.

Elle a des dissertations à finir qui sont toutes en retard, elle ne sait plus qui elle est, elle a le goût d'un party, de se saouler la face, de danser, de crier, de faire l'amour avec quelqu'un qu'elle ne connaît pas, avec quelqu'un qu'elle n'aime pas.

Ballerine désespérée, elle tourne sur elle-même, son tutu jauni comme une robe de mariée qu'on trouve dans le grenier.

Elle a le goût de tout et le goût de rien et son enfant soudainement qui sort de la chambre de bain et lui prend la main.

Elle s'allume une cigarette et pleure à travers la fumée.

15

Le jeune homme et la jeune femme vivent dans l'appartement d'en-dessous. Ils écoutent du heavy metal. Leur porte est ouverte. Ils se disputent dans les marches.

Elle se lève, ouvre sa porte et crie leurs noms dans le corridor.

La musique s'arrête.

Son enfant se réveille.

Un chien jappe quelque part dans le bloc.

Chaque flocon de neige s'écrase, comme un avion, contre les fenêtres.

16

La violence est partout : dans les regards qu'on me lance des chars, dans les insultes que me lancent les choses.

La violence est partout et dans tout le monde en même temps, comme Dieu.

Je me promène dans l'espace comme un animal dans sa rage.

Animal.

Minéral.

Végétal.

Sentimental.

Roméo bandé.

Le chat noir et lisse qui ronronne entre les jambes de Juliette.

Je me promène dans l'air brûlé de cette ville qui me brûle les poumons comme on brûle un magasin : pour les assurances.

Je rentre dans un bar, n'importe quel bar dans cette n'importe quelle ville. Je veux prendre un coup pour oublier cette n'importe quelle vie, cette n'importe quelle fille.

Jouer au billard avec des yeux de femme.

Je voudrais être ailleurs mais je suis déjà là.

Je voudrais vous raconter ma vie, mais des cinéastes habillés en monde en ont déjà dressé un synopsis.

Je commence à ralentir. Je bois jusqu'à ce que tout le monde se ressemble. Comme ça je ne suis pas obligé de reconnaître personne.

Comme ça je ne suis pas obligé d'aimer personne.

17

L'amour n'est pas toujours une question de langue.

Elle est anglaise mais joue du corps français.

Je tombe en amour comme la nuit qui tombe sur la ville.

Comme un indien tombe de son cheval dans un western des années quarante.

Comme une mouche prise entre deux carreaux de fenêtre.

Ayoye !

Une souffleuse suce mon sexe de neige, mon sexe en bonhomme carnaval que je traîne et entraîne comme un refrain entre mes jambes de velours côtelé.

Ayoye !

Autour d'une bière et un restant de cigarette, elle me dit : « Moins tu montres que tu m'aimes, plus je t'aime... »

Ayoye!

En attendant, ses yeux sont logés dans mon cœur comme deux bijoux dans un pendentif. J'essaie de ne pas disparaître dans l'ascenseur de son regard.

18

Le jeune homme et la jeune femme du restaurant passent en intermède dans la rue.

Ils sont en moto. Ils ne portent pas de casques.

Leurs cheveux longs battent comme des feux de camp dans le vent.

19

Je me réveille seul et chez moi. Je me lève et je vais me chercher une bière au frigidaire. Je marche sur un tapis de verre brisé. De rêves brisés.

Je regarde par la fenêtre et j'observe la copulation lente et bruyante des voitures dans le terrain de stationnement.

Ma pensée glisse vers une image du nom de celle que j'aime, son nom écrit dans le flanc d'une montagne, son nom gros et évident comme le mot HOLLYWOOD qui surplombe la ville des anges perdus.

Je me tourne et elle est là dans la cuisine, en train de déjeuner.

Toasts et café.

Elle ne porte rien d'autre qu'un de mes vieux t-shirts.

Elle me sourit et disparaît.

Son ombre reste collée au plancher.

Je la décolle délicatement, je la plie soigneusement et je la serre précieusement dans un de mes tiroirs.

Fiction et boule-de-gomme.

20

Je descends jusqu'au Gange. Il fait très chaud. J'entre dans l'eau comme un nouveau navire.

Je veux laver les petites culottes de mon esprit. Je veux essuyer cette tache qui souille mon bas-ventre.

Autour de moi, des hommes, des femmes et des vaches circulent paisiblement.

Il y a une femme en particulier qui me fixe, qui capte mon attention. Elle ne porte qu'un drap de lin mince et transparent qui colle à son corps.

Elle a un sourire spirituel. Je vois dans son âme comme à travers son drap de lin.

J'éjacule sous l'eau merdeuse du Gange.

Le sperme monte à la surface et s'éloigne avec le courant, comme une fuite de mazout.

21

Je vois une femme qui se coule un bain.

C'est une femme que je connais bien. J'ai voyagé dans son cœur, je me suis stationné dans son corps.

Elle se coule dans l'eau du bain. L'eau est très chaude. La vapeur fait suer le miroir et les murs. Le miroir à la place d'une fenêtre.

Elle s'envoie la tête en arrière, les yeux luisants de larmes.

Un cri silencieux s'échappe comme une bulle de sa bouche. Sa bouche forme un O parfait. Son corps crispé en point d'interrogation.

Son image qui s'acharne dans ma mémoire.

L'eau s'étire autour d'elle. L'eau se fait comme une main d'amant sur son dos.

Elle a plein d'amants mais pas d'amis.

Elle sort du bain, belle et triste comme une chanson de Dylan.

Triste comme une actrice et en détresse comme une gonzesse. Je veux l'amener loin de tout ça. Je cire poétiquement mon image d'elle. Je veux être le prince et le cheval, l'armure et la blessure, l'amant et l'ami.

Je m'aperçois qu'il y a assez de personnes en moi pour partir un village.

Elle ne pourra jamais toutes les aimer.

22

Une des personnes qu'elle n'aimerait sûrement pas, c'est Bill.

Bill veut être une police lorsqu'il sera grand. En attendant, il travaille comme bouncer dans un bar de « cruising » très chic. Sa job est de 9 heures du soir à 1 heure du matin. Le restant de la nuit, lui et ses amis (qui seront tous dans la police ou en prison lorsqu'ils seront grands) se promènent dans la ville, battant toutes les tapettes qui osent briser le couvre-feu. Bill c'est mon frère.

C'était le plus vieux de la famille et il a commencé à boire jeune.

Une fois, il a fait une crise. Il a perdu la carte, la mappe du monde, le globe terrestre...

Il a rassemblé toute la famille dans la chambre à coucher. Il a sorti un fusil. Il voulait nous tuer, l'un après l'autre. J'étais encore jeune, mais je savais quand même qu'être le dernier à mourir serait pire qu'être le premier.

Tout le monde pleurait et criait.

Le téléphone a sonné.

Bill est allé répondre.

Un de ses amis qui l'invitait à prendre un coup : « C'est moi qui paye !... »

Bill est parti, laissant le fusil près du téléphone.

Nous sommes tous en liberté surveillée.

23

Je suis le maire, le conseil, les citoyens et, surtout, le fou de ce village.

Je suis devenu le fou du village pour cette raison : au secondaire, je sortais avec une fille que j'aimais beaucoup. Une fois, en me tenant la main et me regardant droit dans les yeux, elle m'a demandé : « ...et toi, qu'est-ce que tu veux faire dans la vie ?... » J'ai répondu sans hésiter que je voulais être un ramasseur de vidanges, debout à l'arrière du camion, mes cheveux battant dans le vent frais de l'aube.

Elle a immédiatement laissé tomber ma main comme une araignée entre mes jambes.

Je l'ai jamais revue.

Je suis devenu fou.

Voilà.

Je suis aussi un écrivain brillant et fucké, de renommée internationale, et un vieux chanteur rock qui se maquille et porte des robes pour se recycler.

Le jeune homme et la jeune femme m'écoutent à la radio dans leur appartement.

Leur moto dort dans la cour.

25

Je me réveille en sursaut.

Je me réveille en sursis.

Elle est près de moi.

Moi.

Pas les autres.

Beauté d'amour et cette femme prise de travers dans la gorge comme une arête qui arrête les mots de sortir.

Même les beaux jours, le ciel porte un complet bleu, boutonné jusqu'au cou.

Tellement de choses à résoudre et la calculatrice du cœur qui est brisée.

L'amour, c'est comme l'électricité. On allume le poêle sans penser au prix. Sans penser aux petites roues qui tournent dans le compteur sous la neige.

Il y a des fois où on est mieux de tout faire tout seul, même l'amour.

Mais on a tous besoin de quelqu'un ou de quelque chose, alors l'histoire continue, dans toutes les langues du monde en même temps. Dans tous les lits du monde en même temps.

Elle est dans mon lit.

Elle semble me connaître.

Pourtant...

26

Elle est à la télévision. C'est un film fait pour la télévision. Elle sort de l'eau du lac. C'est la nuit. Elle est nue. La pleine lune illumine gracieusement les contours de son corps. Ses seins sont parfaits et durs, mais il y en a un qui est un peu plus gros que l'autre. C'est celui qui couvre son cœur. Je le devine parce que je la connais. Je le sais parce qu'elle me l'a dit.

Je suis assis sur le divan.

D'ici, je vois, appuyé sur une rangée de livres, le petit bout de carton sur lequel elle a tracé une silhouette de flamant rose. Je remarque que, d'un jour à l'autre, il perd un peu de sa couleur.

Je change de poste pour ne pas la voir comme ça. Elle est à tous les postes.

Elle est nue et elle est belle et elle n'a besoin de personne.

Je lui demande de sauver ma vie.

Elle dit qu'on aurait dû être juste des amis.

Dans ma vie, j'en ai fait des folies, mais j'ai toujours été poli, je dis.

Je t'aime, je dis.

Mais elle dort déjà.

27

Je suis à l'hôpital, en train de mourir.

Elle est là, près de moi. Elle pleure doucement. Je tiens sa main, je la serre très fort, comme si je voulais l'amener avec moi dans la mort.

Je voudrais faire l'amour avec elle dans le lit d'hôpital. Je suis Bill le bouncer qui a été poignardé dans une bagarre de bar. Je suis un chanteur rock qui est mort d'une overdose de lui-même.

Je meurs dans les bras de celle que j'aime. Ses larmes glacent mon épaule.

J'entends sa voix de loin, comme si elle était au téléphone.

Je meurs dans ses bras et je me réveille seul, dans mon lit, et c'est tout à recommencer.

Je me lève, je m'habille et je vais me chercher une bière dans le frigidaire.

Je regarde par la fenêtre.

Je vois soudainement quelqu'un qui se faufile d'un poteau de téléphone à l'autre, disparaissant derrière eux comme dans les petits bonhommes.

Je finis ma bière.

J'en commence une autre.

28

Il y a des jours où tout est possible.

La journée commence mal ou la journée commence bien ou elle ne commence pas du tout.

Le tube de dentifrice ouvert et ému sur le bord de l'évier.

Le soleil artisanal accroché au ciel.

Un autre matin se cogne les orteils contre les frigidaires désespérés de l'horizon.

Le vent fait craquer les jointures arthritiques de cette maison.

C'est un film d'horreur, c'est un film d'erreurs : ce sont les jours sauvages et laineux.

Aussitôt que je dis quelque chose, ça devient une annonce de Coke.

Je vis parmi, dans, à travers et malgré vous.

Fasciné.

Assassiné.

Assis.

29

Elle est assise sur le plancher de bois franc de son immense salon.

Elle est assise nue sur le plancher de bois franc de son immense salon, tandis que la radio récite en sourdine les nouvelles du matin.

Elle fredonne doucement un air que sa mère chantait. Que sa mère chantait parce qu'il y a des années qu'elle ne le chante plus.

Comme sa mère et avant elle sa grand-mère, elle se berce au milieu du salon et laisse la mélancolie l'envahir comme un cancer.

Un diamant rose s'allume et s'éteint entre ses jambes.

Un quelque chose qu'elle seule comprend.

Elle est seule et toutes ces voix dans sa tête.

Elle est seule avec toutes ces voix dans sa tête et un diamant rose s'allume et s'éteint entre ses jambes.

Elle est seule et nue au milieu du salon comme le dernier meuble à être déménagé.

Elle voudrait aimer quelqu'un, mais il n'y a personne.

Les cœurs empilés.

Les cœurs épilés.

Elle voudrait aimer personne, mais il y a toujours quelqu'un.

« Je suis là », elle répond.

Comme quelqu'un qui en a vu d'autres, elle se lève d'elle-même et va regarder par sa très grande fenêtre.

« Le monde est petit », elle pense.

Elle voit soudainement quelqu'un qui se faufile d'un poteau de téléphone à l'autre, disparaissant derrière eux comme dans les petits bonhommes.

Pour quelques secondes il s'arrête et regarde vers sa fenêtre.
Elle le reconnaît immédiatement.
C'est moi.

30

Les restaurants, les bars et les rues sont remplis de cons et de connes qui veulent sauver le monde avec une coupe de cheveux.

Tous les hommes sont des sosies de Magnum et toutes les femmes sont des missions secrètes.

« Les waitresses sont des vraies petites mères », dit Roger. Pour le prouver, l'une d'elles laisse tomber un fœtus d'oiseau d'entre ses jambes.

Les vautours tournent déjà autour du parking. « Est-ce les nôtres ? » dit un ancien combattant dessous sa table.

« Je ne fourre pas de grosses femmes », dit Jacques en se fourrant un morceau de pizza dans la bouche.

La musique est contagieuse. Elle fait des trous dans mon silence intérieur. Elle fait le flamenco sur mon visage.

J'écris une lettre à mon amour avec un stylo de la Commission des Accidents du Travail.

Je lui demande de m'envoyer un chèque de becs.

Je sors du bar tard.

31

Je suis chez elle. Je suis dans son rêve, elle est dans le mien.

On se bouscule doucement.

Nous sommes envahis d'une tendresse impitoyable.

Les mains qui ont roulé mille pâtes à tarte sont en train de faire un petit pain chaud de mon pénis.

La maison où nous sommes est encore en construction. Une gang de travailleurs nous ont aperçus. Ils applaudissent et sifflent.

Les mains qui ont moulé mille biscuits chômeurs moulent maintenant mes testicules en boulettes de viande chaude.

La maison où nous sommes est encore en construction. Une gang de travailleurs nous ont aperçus. Ils sortent leur péniche du port de leur pantalon et se masturbent sur une musique de Mozart, éjaculant des confettis de sperme sur nos corps.

Le sperme s'étend autour de nous, devenant une mousse qui éteint le feu de notre amour.

On disparaît dans la mousse, juste les bras et les jambes qui dépassent.

Je me réveille bouleversé et bandé et seul.

Seul et, seul.

32

Un homme qui ramasse le combiné du téléphone, compose, et se le met contre la cervelle comme un fusil, attendant une réponse.

33

Je me faufile d'un poteau de téléphone à l'autre, disparaissant derrière eux comme dans les petits bonhommes.

Pour quelques secondes, je m'arrête et regarde vers sa fenêtre.

Elle me reconnaît immédiatement.

C'est moi.

34

(Oui elle est belle et oui je l'aime à cause de ça, oui c'est à cause de ses yeux où on peut se noyer comme un rockstar dans sa piscine, et oui, c'est à cause de ses fesses, c'est à cause de son cul et pourquoi pas, christ de tabernacle, il reste si peu de belles choses qu'on peut toucher, si peu de beauté tangible dis-je, ciboire de saint-sacrament d'hostie de sœur en patins à roulettes, oui je l'aime parce qu'elle est belle, parce que ses yeux, parce que son cul, parce qu'elle est là, parce qu'elle est elle, parce qu'elle est, parce qu'elle, parce qu').

Je me réveille transi et en transit entre le rêve et la réalité.

Elle n'est pas là.

Elle ne l'a jamais été.

Où est passé mon sens d'humour ?

Où est passé mon sens d'amour ?

35

Le jeune homme et la jeune femme fument une cigarette dans le stationnement du dépanneur.

Ils sont assis sur leur moto.

Le vent fait tourner la fumée de leurs cigarettes autour d'eux. Ils écoutent du Iron Maiden.

On dirait qu'ils brûlent.

Le jeune tient un tonitruant sur son épaule, l'oreille entre les deux haut-parleurs.

Ensemble, ils traversent le mur du son.

36

Plus tard dans un bar.

Tout le monde ressemble à une vedette rock ou au moins à quelqu'un qui en a fourré une.

Bill, mon faux frère, mon frère qui se glisse comme une faux à travers la foule, Bill le bouncing baby bouncer du bar lance de temps en temps un des clients contre un mur.

« C'est la seule façon de savoir s'ils sont morts ou vivants... » il me dit avec un fier sourire.

Parfois, il en lance un, un peu trop fort et un vivant devient un mort.

Ou vice-versa.

37

Elle flotte. Elle flotte. Masque de terre. Plage de lune.

« J'ai une terre pas loin d'ici », elle dit, comme si c'était sur une autre planète.

Elle conduit la jeep de son père, une Bronco 4x4. Son père est beau. Il a, avec sa femme bien entendu, fait de beaux enfants.

On s'en va à la campagne, voir les arbres. Elle essaie de poétiser les arbres, les nuages, le ciel. Mais la nature ne se laisse pas faire aussi facilement.

C'est une belle journée, pas plus, pas moins.

Je nous vois tous deux morts dans un accident de voiture par un beau dimanche après-midi.

Toute cette beauté gaspillée.

Tout cet amour gaspillé.

Manque de terre.

Manque d'air.

38

Elle se promène au milieu de la nuit de long en large de son appartement.

L'enfant dort.

Elle touche le silence du bout des doigts. Elle touche les choses du bout des yeux. Elle marche sur le bout des pieds. Toutes les lumières sont allumées.

L'enfant rêve.

Elle se promène d'une pièce à l'autre, comme si elle cherchait quelque chose, quelqu'un.

Elle se fait un café et ne le boit pas.

L'enfant dort et rêve et gémit doucement.

Il est encore dans le ventre de sa mère.

Il y a des noms qu'elle a oubliés, des visages qu'elle a effacés.

Elle est reflétée sur la grande nuit des fenêtres.

Elle est répétée sur chaque fenêtre, son image un négatif oublié entre les pages d'un album.

Le temps s'arrête.

Il n'y a plus de fiction pour elle.

Tout est vrai.

La ceinture comme une couleuvre sur le lit bien fait.

39

Je fouille dans sa bibliothèque tandis qu'elle dort.

Virginia Woolf. George Sand. Simone. Livres d'enfants. Le Massage érotique.

Le message érotique.

Elle dort.

Les voitures circulent autour de la maison tandis que deux moineaux, enfin en sécurité, font l'amour dans un arbre sans feuilles.

40

Je me branle dans ses rêves.
Elle dort.
Tout est sexe et cinéma.
Silence, on crie.

41

Je fouille dans son corps tandis qu'elle dort.
Je feuillette le dictionnaire soyeux de son sang.
Le battement de son cœur est mon éducation.

42

Encore une nuit avec elle.

Chaque fois comme si c'était la dernière nuit.

Chaque matin comme un petit cri sur l'horizon.

Soigneusement, elle se déplie du lit. Elle s'habille. Je fais semblant de dormir. Je fais le mort. (Elle fait la vie, l'amour.) Dernière chose à disparaître, dernière lueur des auréoles boréales de ses seins sous un chandail rouge.

Une phrase d'une chanson de Tim Buckley me revient : « Love me as if someday you'd hate me... Aime-moi comme si un jour tu me haïrais... »

Sous ma fenêtre de cuisine, sa voiture est stationnée, seule voiture dans le stationnement, et les rues de la ville sont vides comme mon cœur.

Son pied sur l'accélérateur, elle fait tourner l'engin à plein gaz, comme un 747 qui se prépare à se lancer au ciel, comme si c'était normal de partir, partir, toujours partir. (Moi, je partais toujours de chez elle à reculons, comme ça j'avais l'impression de revenir en même temps.)

Encore une fois, elle part, avec tous ses mystères et toutes ses misères.

Je me détourne de la fenêtre, lentement, comme une reprise d'accident de Formule 1, tournant et tournant sur moi-même, me désintégrant morceau par morceau, matière se désintéressant de son noyau.

43

La séparation est continuelle.

Les caisses de bière dans l'entrée.

Dehors, c'est une autre journée, une autre page dans le TV Hebdo et les magasins sont ouverts jusqu'à neuf heures, comme si c'était suffisant pour enlever l'ennui de vivre.

L'ennui de ne pas vivre.

(Je me promène dans l'appartement avec son corps pris dans mon corps. Elle veut sortir de moi, elle se débat dans moi. Ses poings sortent de ma bouche, m'écartèlent la mâchoire, me déchirent en deux, de haut en bas. Je me ramasse, carcasse vide, sur le plancher de cuisine.

Séparation. Changement. Elle s'envole comme une libellule.

L'ennui de ne pas suivre.)

There she goes, just-a-walkin' down the street, singin' doo-wa-diddy diddy-dum diddy-doo!...

44

Je n'ai pas vraiment de bonne raison pour descendre en ville. Je n'ai pas vraiment le goût de rencontrer mon frère Bill dans un de ses états-désunis. Pour lui, toutes les situations se transforment en scénario à la Bob Morane. Depuis qu'il a gagné « Les Chasseurs de dinosaures » à l'école, il n'est plus pareil. Il va ou bien finir dans une institution, ou à Hollywood comme acteur dans des films d'action, mitraillette en érection, déchargeant la peur et la mort dans toutes les directions.

Il se prend pour Bill Ballantine. Il parle français avec un accent américain et il parle américain avec un accent canayen. Au fond, il ne sait plus trop qui il est. C'est pour ça qu'il crisse des volées au monde : ça le rassure, ça le ramène sur terre, ça lui rappelle son père.

45

Je suis seul dans la voiture. Je suis seul dans mon corps. Dehors, c'est l'hiver, froid et luisant comme un morceau de tôle.

Du western à la radio.

Le siège arrière de la voiture a l'air d'une garderie frappée par une tornade.

Elle est à la pharmacie pour un test de grossesse.

La musique western continue de brailler à la radio. Je cherche un autre poste. Le cric-crac-croc des postes qui passent remplit la voiture. J'arrête, la main sur le bouton, je suis entre deux postes, dans le no man's land de la musique. Je laisse le silence me remplir, m'engourdir comme du monoxide de carbone.

Elle sort de la pharmacie. Elle est blême comme la saison. Elle entre dans la voiture, fait partir le moteur pour le réchauffer. On reste assis en neutre, entre deux vitesses, entre avancer et reculer, partir et revenir.

Elle refoule le silence avec un soupir et un sourire.

« Je t'aime », elle dit.

Elle ne laisse rien paraître. Elle m'embrasse, me donne le souffle de la vie, elle est ma bonbonne d'oxygène.

Mon amour.

Mon détour.

46

Je marche dans les rues galvanisées de cette n'importe quelle ville où je vis depuis trop longtemps.

Je marche sans destination particulière, sans préméditation particulière vers un particulier nulle part.

Je connais tous les racoins, toutes les rancœurs de cette ville. Des conversations et des situations me silent dans les oreilles. Des photos et des topos de tout et de tous fourrés au fond du tiroir secret de ma tête.

47

Pour que personne me reconnaisse, je me transforme en loup-garou, mais pas celui des légendes canadiennes-françaises ou du cinéma américain.

Je porte plutôt des jeans mal cousus (en spécial chez Kresge), un t-shirt avec un paquet de cigarettes fourré sous la manche, une calotte de baseball sale et des runnings déchirés.

De mon nez retroussé, je flaire l'air où elle a passé. Je cours les ruelles et les poubelles à la recherche d'indices, de coins où elle a jeté son ombre.

Je rentre dans mon bar préféré pour prendre une bière. Je m'assois dans un coin sombre. La serveuse s'approche...

«Tiens, salut toi, longtemps qu'on t'as pas vu. Te laisses-tu pousser une barbe?...»

Je renverse tables et chaises et je me sauve en hurlant, me jetant corps et âme à travers une des grandes fenêtres du bar.

Je me réveille dans la noirceur de ma chambre, égratigné, seul, des impatiences dans les jambes.

48

Il y a des jours où je comprends tout ; des jours clairs et lucides comme une page vide.

Des jours de la fraîcheur d'une bonne bière. Des jours qu'on touche, comme on touche, le matin, les fesses froides et calmes d'une femme qu'on aime, qu'on aime malgré tout.

49

Je me sens comme un immigrant dans mon propre corps. Je ne reconnais plus personne, des embouteillages monstres bloquent les artères principales.

Je ne raisonne plus, je résonne.

Je regarde par la fenêtre de ma cuisine et c'est toujours le même parking, les mêmes étrangers dans les mêmes voitures, le même horizon dentelé par l'usure.

Ma respiration fait une tache de condensation sur la fenêtre, une tache qui respire elle aussi, comme une amibe, comme un soleil dans une atmosphère raréfiée.

Mon cœur élance comme une blessure dans le pays colonisé de mon corps.

Je suis l'homme dans la lune, pogné sur la terre.

Je fais surtout attention aux autobus.

50

La matière ne m'obéit plus et le ciel se couvre.

Les arbres font un bruit de vagues dans le vent qui se ramasse. Quelques feuilles tombent, trempées et frippées comme des vieilles piastres.

51

Elle me dit, « probablement que je vais finir comme la folle du village, traînant mes sacs d'A&P partout avec moi, criant et sacrant après tout le monde, pissant dans mes culottes... »

Je revois la femme dont elle parle, vociférant sous la pluie, les passants se heurtant à sa rage, à sa tristesse sans fond, ses yeux noirs et impardonnables comme des trous de mine.

« À quoi... tu penses ?... »

« Elle n'est pas folle », je réponds. « Elle a juste pris un raccourci, tu sais, comme on faisait en s'en allant à l'école quand on était jeunes... »

Elle me regarde.

Je la regarde.

On se regarde comme deux miroirs brisés, reflétant la perfection de la folie.

52

Je descends en ville.

Il fait froid et le vent siffle « Summertime Blues ».

Aux coins des rues, des amants se séparent avec un bruit de Velcro.

Des oiseaux s'écrasent dans les fenêtres des buildings, les prenant pour des extensions du ciel.

Les rayons du soleil se bousculent comme des frémilles se répandant dans le centre-ville.

Défilés de mode dans les vitrines.

Je me découds d'une rue à l'autre.

Je me répète comme un écho le long le long le long des rues.

Je me répète comme les nouvelles.

Midi. Six heures. Onze heures.

Mes clefs. Mon portefeuille. Ma montre. Mes aspirines. Mon livret de banque. Ma banque. Ma rue.

Mon songe. Mensonge.

53

Il n'y a plus de message dans la chanson.

Il n'y a plus de musique à la radio.

La ville est devenue un immense parking. Elle est là, elle conduit sa voiture en rond, elle n'a plus de place où aller, la voiture tourne et tourne de plus en plus vite, chaque cheval-vapeur pris dans un carrousel de cauchemar.

Je cours derrière, à quatre pattes, jappant et chignant, essayant de mordre ses pneus.

Les autobus se promènent, vides dans ce vide. Les chauffeurs ont tous l'air de joueurs de hockey à la retraite.

54

Tandis que nous faisons l'amour lentement, doucement dans la chambre à coucher, il y a un scénariste assis à la table du salon.

Il prend des notes, il change déjà le cours de l'histoire.

Il nous fait répéter infiniment les mêmes mots, les mêmes gestes.

55

Elle est enceinte.

Elle ne sait pas de qui.

Ce n'est pas de moi.

Elle pleure sur mon divan.

Je lui tiens la main.

Elle pleure sur mon épaule, elle inonde les banlieues de mon cœur.

Je ne sais plus quoi faire.

Elle se défait comme un sac d'épicerie dans mes bras.

Je ramasse ce que je peux.

Je ramasse ce qui n'est pas brisé.

56

Plus tard, je me ramasse encore en train de prendre une bière dans un restaurant. Je m'assois à ma table habituelle, près de la fenêtre.

Dehors, c'est éternellement l'hiver. Ce n'est pas surprenant qu'on soit toujours déprimés. On passe la plupart de l'année habillés en schtroumpfs et le restant à s'en remettre.

Les choses se détériorent.

Dehors, un homme s'appuie sur le mur d'une banque pour rattacher le lacet de sa bottine.

Le mur s'écroule.

Ce n'était qu'une façade.

Ce n'était qu'une farce.

Mais l'homme ne rit pas. Il a le regard d'Hannibal qui voit, un à un, ses éléphants débouler dans les Alpes.

L'homme s'écroule, tombe mort sur les débris du mur, tué instantanément par l'évidence même.

J'ai soudainement très peur.

Je fouille mes poches pour du change. Je veux lui téléphoner, il faut que je lui parle, voir comment elle va, juste voir si elle est là, juste dire « bonjour, comment ça va ? », entendre sa voix.

« Le numéro que vous avez composé n'est plus... S'il vous plaît raccrochez... blablabla », dans un français cassé, castré.

57

Il y a trop de secrets dans le monde, trop de susurrements dans les coulisses, trop de bruits dans mon lit.

Trop de choses que je ne sais pas d'elle.

Trop de pleines lunes, trop de peine lune.

Le courrier du ciel, l'agenda du cœur.

On est dans sa voiture.

On discute.

Je dévoile mes doutes, comme une sculpture.

« Peut-être que c'est tout dans ma tête », je dis.

Elle dit : « C'est tout dans ta queue... »

On continue en silence, le paysage brûlant comme du papier autour de nous.

Elle me laisse à la porte de mon appartement. Elle ne couchera pas ici ce soir. Je ne me perdrai pas dans elle ce soir.

Je m'endors avec les infinis étages de la nuit me pesant sur la poitrine.

58

Mon histoire devient de plus en plus terne.

Je voudrais tout recommencer, je voudrais me cacher, je voudrais tout casser.

Je valse avec un revenant (mon frère Bill), le revenant (Bill) c'est moi, il m'écrase l'aorte avec ses pouces, les jours tombent en dominos, un cliquetis infernal, rêves et bateaux sans voiles, charmes, larmes.

The natives are restless et Tarzan est tellement beau et inutile.

Comme Bill.

Bill a le quotient intellectuel d'un TV Dinner.

Chaque fois que je parle avec Bill, je réalise que les scientifiques ont probablement raison : il y a peut-être d'autres formes de vie dans l'univers.

Bill pose la question existentielle des années quatre-vingt : « c'est-tu une tapette ça, or what ?... »

So what.

Bill, c'est le relief comique de l'Amérique, c'est la vie du party, c'est Atlas qui échappe la boule...

Pour en finir avec Bill, Bill a mal fini.

Il s'en allait à un mariage avec un de ses amis. En chemin, ils ont décidé de s'occuper d'une petite affaire non résolue.

Ils ont poignardé et laissé pour mort un « mauvais investissement... »

Bill a fait de la prison, a été réhabilité à grosses doses de religion. Aujourd'hui, il n'est pas plus intelligent, mais il a les yeux clairs, translucides comme l'eau chlorée d'une piscine.

Bye-bye Bill...

60

Je brise des choses. Je lance un verre de vin contre le mur. Je donne un coup de poing au frigidaire. J'ai peur de devenir comme Bill. J'ai peur de devenir comme cette ville.

Scotch et pilules.

Sommeil et réveil.

L'oreiller taché de sang, petit coucher de soleil entre mes jambes.

Je chante comme Joe Cocker sous la pluie acide de ma douche.

« You are so beautiful to me... »

61

Bye-Bye Love.

On est dans ma cuisine.

Elle est là, plantée au milieu du plancher, elle s'allume une cigarette, elle n'enlève pas son manteau.

Ça sent le brûlé.

Je m'ouvre une bière, la tenant comme un extincteur contre mon cœur.

Elle dit: « C'est fini... Si on continue, on va se détruire... »

Ça sent de plus en plus le brûlé.

Je ne sais pas quoi dire, je ne sais plus quoi faire.

« Il fait chaud ici », elle dit en enlevant son manteau.

Tout à coup nous nous enflammons, mettant le feu à tout autour de nous.

On se roule sur le plancher, on brûle sans brûler, cascadeurs de l'amour, pour que les autres paraissent bien, pour que les autres restent beaux et ne ressentent rien.

Nous sautons d'une fenêtre du quatrième, main dans la main, feu dans le feu, nous roulons dans la rue, entre les voitures démolies, cascadeurs, cascadeurs, cascadeurs de l'amour et on nous applaudit.

On nous atteint.

On nous éteint.

62

Elle est réelle.

Elle est seule.

Elle se réveille d'un cauchemar.

Elle se réveille avec une jambe engourdie.

Elle se lève et prend un bain.

Elle effleure d'un regard absent le sourire fatigué de son sexe.

C'est quelques semaines ou, peut-être même, quelques mois après son avortement. Elle ne se rappelle plus. Elle ne veut pas se rappeler.

Plus tard, une fois l'enfant endormi, elle s'assoit dans les escaliers et boit toute une bouteille de vin, prenant de grandes gorgées à même la bouteille, et elle pleure comme une guitare électrique dans la radio de la nuit.

63

Elle dit : « C'est fini... »

Au coin de la rue, deux voitures se frappent avec un BOUM assourdissant.

Une main se détache des victimes estropiées et se traîne, par les doigts, à la recherche d'un peu d'herbe verte.

C'est le jeune homme et la jeune femme du premier chapitre. Ils étaient avec leurs parents, parce que leurs parents avaient dit : « On va prendre l'auto, c'est moins dangereux. »

C'est un beau dimanche ensoleillé.

Elle dit : « C'est fini... tu bois trop... tu es en train de te détruire et de détruire les autres... »

Bill arrive sur la scène et, habillé en robe de moine, bénit le carnage avec de l'eau salée.

Après, quelqu'un appelle la police, qui appelle les pompiers, qui appellent une ambulance.

Je lève les yeux vers mon scénario et elle est partie.

64

Ciel menstrué.

Quelle ville est-ce ?

Quelle voix est-ce ?

Où est le refrain pour me guider le long des rues de cette ville ?

Horizon hémophile.

Je marche dans moi, je descends dans la ville, mon casque de baseball rouge vissé à ma tête.

Je tourne le nom de cette ville dans ma bouche, je le tourne et retourne, comme un crachat qu'on se prépare à projeter.

Tic-tac, tic-tac fait l'horloge de la lune.

65

Dans le bar, je meurs et je reviens sous l'œil de la musique.

C'est un blues long et brûlant comme un tisonnier qu'on sort du feu.

C'est un blues long et tortueux comme un train de marchandises qui traverse les provinces de nos corps.

C'est un cri qui se brise comme une bouteille de bière contre les murs de ce bar.

Je perds la mémoire entre deux verres.

Je ne m'ennuie plus de personne.

Je perds la mémoire entre deux femmes.

Je meurs et reviens et tout le monde est parti.

Le bar est vide et les lumières sont toutes allumées.

Les musiciens sont partis.

Les serveuses sont parties.

Les clients sont partis.

Elle est partie.

Les pages du scénario sont éparpillées partout dans le bar.

C'est tout à recommencer.

Je me lève lentement de ma chaise et je fais un dernier tour de la place.

J'éteins les lumières et je sors.

Dehors, c'est encore la même ville et tout est fini et tout est à recommencer.

Choix de jugements sur *L'homme invisible/The Invisible Man* et *Les cascadeurs de l'amour*

L'homme invisible / The Invisible Man

Le texte de Desbiens a ceci d'insolite qu'il est non seulement traduit, pour ainsi dire, par l'auteur lui-même, mais les deux variantes qui le constituent ne coïncident pas parfaitement : dans l'intervalle des récits anglais et français s'accusent des décalages riches en signification. Tandis que quelques événements sont laissés dans l'ombre d'une langue, certains réseaux métaphoriques se dessinent uniquement dans l'autre. Et ce sont précisément ces dérapages lexicaux, ces glissements sémantiques, ces divergences thématiques qui font office de révélateurs dans le texte, qui rendront visible, le temps de la lecture du moins, l'ombre de l'homme invisible.

Marie-Chantal Killeen, « La problématique du bilinguisme, Franco-Ontarian Style : *L'homme invisible / The Invisible Man* de Patrice Desbiens », p. 82.

L'aliénation que connaît le personnage principal en mal d'origine nous est communiquée dans l'expérience vertigineuse de la lecture, à travers ce redoublement textuel qui déboute coup sur coup chacune de nos attentes. [...] À la vérité, c'est rien moins que la notion de langue maternelle qui est donnée comme caduque dans cette problématique trouble du bilinguisme franco-ontarien.

Marie-Chantal Killeen, « La problématique du bilinguisme, Franco-Ontarian Style : *L'homme invisible / The Invisible Man* de Patrice Desbiens », p. 89-90.

Échec final du personnage, réussite étonnante de l'écriture où les composantes de l'existence franco-ontarienne / French-Canadian (la religion, les deux langues, juxtaposition et superposition de traditions culturelles, difficultés de l'appartenance) sont consacrées avec économie et beaucoup de brio, où le résultat final est aussi inquiétant qu'étonnant.

Robert Dickson, « Autre, ailleurs et dépossédé. L'œuvre poétique de Patrice Desbiens », p. 31.

Récit polyphonique où l'anglais et le français se répondent, il met en scène l'aliénation qu'entraîne la double appartenance linguistique : l'être divisé est toujours trop français ou pas assez et n'appartient véritablement à aucune catégorie identitaire claire. De ce fait, il reste condamné à l'invisibilité et à l'errance. Cette vision pessimiste de la situation culturelle en Ontario français est tempérée par une écriture lapidaire, un humour surprenant et des situations souvent aussi cocasses que tragiques.

Elizabeth Lasserre, « Écrits franco-ontariens », p. 146.

Dans *L'homme invisible / The Invisible Man*, la condition franco-ontarienne résulte d'une soustraction. C'est simple. Soustrayez la version anglaise de la version française : calculez le reste. Et ce reste de quelques phrases « non traduites, secrètes, entre nous », c'est le « lieu de la survie ».

François Paré, *Les littératures de l'exiguïté*, p. 133.

Patrice Desbiens, par son écriture, actualise une réalité quotidienne... qui n'est que trop visible... pour qui veut bien la voir! Par son « homme invisible », bilingue de naissance, il donne une nouvelle dimension au bilinguisme.

Michèle Salesse, « *L'Homme invisible / The Invisible Man*, récit / story de Patrice Desbiens », p. 80.

Ce bref récit bilingue est à l'image de l'existence de n'importe quel « French Canadian » du pays. Une seule trame existentielle, mais deux discours culturels avec leurs symboles spécifiques et hétérogènes, deux interprétations d'une histoire de vie qui se contredisent et se complètent, deux voix anonymes qui fournissent le « colour commentary » qui est censé faire voir le sens d'un épisode de misère humaine.

Normand Renaud, *Livres et auteurs québécois 1982*, p. 43.

Cet ouvrage, qui présente sous forme de poésie narrative des textes français et anglais en regard l'un de l'autre, illustre la complexité des relations entre les deux formes de pensée que confèrent les deux langues du « bilinguisme de naissance ».

Francis Lagacé, « Apprivoiser sa langue... », *Francophonies et identités culturelles*, 1999

Il se trouve que ce texte est une longue — et parfois douloureuse méditation sur l'identité culturelle, sur la langue, sur le bilinguisme, laquelle est ici menée par un jeune poète franco-ontarien né à Timmins, en Ontario. Le lecteur aura compris les immenses possibilités de génération de sens qui s'offrent ici, dans ces deux textes qui communiquent entre eux et composent un livre dont le dos (*spine*) est, littéralement, la colonne vertébrale (*spine*) de cet homme invisible qui est bien là, entièrement là.

Normand Baillargeon, « Patrice Desbiens. La tendresse comme seule adresse : le poète franco-ontarien a surmonté la misère de l'instabilité identitaire », p. B1.

Les cascadeurs de l'amour

Dans *Les cascadeurs de l'amour*, l'homme se substitue à lui-même pour se regarder jouer tous les rôles, faciles et difficiles : la conscience détachée observe, avec un intérêt poli, la conscience engagée se débattre pour garder la tête hors de l'eau, hors du quotidien. C'est de cette tragique dualité, où le poète multiplie ses visages, devient à tour de rôle « bill le bouncer », « le maire et le fou du village », « l'écrivain fucké et le chanteur rock », que naît une histoire d'amour avec une femme sans nom « qui pourrait être n'importe quelle femme » (p. 18).

André Leduc, «Quand la conscience détachée...».

Poésie enveloppée de prose, brodée à même le quotidien et l'évidence, et qui force, par la compression et la simplicité des images évoquées, le sens à déborder du cadre rigide du réel pour embrasser les grands thèmes de l'existence, l'écriture de Desbiens trouble par sa lucidité, enchante par sa beauté.

André Leduc, «Quand la conscience détachée...».

Les cascadeurs de l'amour est un récit poétique dans lequel deux êtres s'aiment dangereusement, sans filet. Patrice Desbiens, également cascadeur de l'écriture, travaille aussi sans filet ; son écriture est risque : d'un côté le sublime, de l'autre le ridicule. La force du poète, ici, réside dans sa capacité d'allier les deux, à tel point qu'on ne sait plus si c'est le sublime qui devient ridicule ou le ridicule qui devient sublime.

Jean Dumont, «Quand Paillasse devient Cascadeur», p. 52.

Biobibliographie

1948	• Naissance le 18 mars, à Timmins, de Joseph Patrice François Gérard Desbiens, quatrième et dernier enfant d'Alfred Desbiens, commis voyageur, et de Fleur-Ange Scanlan, mère au foyer. Il est baptisé le 14 avril 1948.
1952	• Décès de son père.

1955-1967	• Il fait des études primaires aux écoles Saint-Alphonse et Saint-Antoine de Timmins, puis des études secondaires au Collège du Sacré-Cœur et au Timmins High Vocational School. Il ne termine pas son secondaire. • Un jour, à la bibliothèque, il se trompe de rayon et tombe sur des livres de poésie. Il confie aujourd'hui que la rencontre déterminante de sa vie a été la poésie.
1965	• Décès de sa mère. Il va vivre chez sa sœur Colette, qui demeure à Timmins.
1967-1968	• Il quitte sa ville natale et se rend à Toronto, où il habite chez des amis.
1969-1970	• Il est journaliste au *Ryerson Polytechnical Institute Newspaper*; il s'occupe de la page de poésie. • En 1970, il se dirige vers Montréal avec des amis québécois. Il s'installe à Saint-Marc-des-Carrières, dans le comté de Portneuf, au Québec.

1972 • Un professeur de littérature de l'école secondaire de Saint-Marc-des-Carrières l'aide à publier, à compte d'auteur et par processus de miméographie, son premier recueil de poèmes et chansons, *Cimetières de l'œil.*

1973 • Il publie, à compte d'auteur, un deuxième recueil, intitulé *Larmes de rasoir*.

1973-1976 • Il déménage à Québec et travaille comme vendeur dans un magasin de disque à Sainte-Foy. • Il accompagne des formations de jazz et apprend les percussions africaines et brésiliennes.

1974 • Il publie *Ici*, aux éditions À Mitaine. Le recueil reçoit des critiques positives dans *La Presse* et *Le Devoir* de Montréal et dans *Le Soleil* de Québec.

1976 • Au printemps, il déménage à Welland, où il écrit des textes et des chansons pour une création collective sur l'histoire de la région du Niagara. • Au cours de l'été, il déménage à Toronto et devient batteur pour le groupe The Government, qu'il accompagne en tournée à New York. Son travail de musicien l'accapare sept jours sur sept, douze heures par jour, mais il continue d'écrire de la poésie.

• Musicien autodidacte, Patrice Desbiens a accompagné Robert Paquette, Dario Dominguez, Kim Deschamps et Daisy DeBolt en concert; Robert Dickson, Michel Vallières, Jean Marc Dalpé et d'autres à l'occasion de récitals de poésie.

1977 • Publication des *Conséquences de la vie*, son premier recueil aux Éditions Prise de parole de Sudbury.

1978 • Il est rédacteur à *L'Express* de Toronto.

1979 • Il décide de revenir dans le Nord de l'Ontario pour se rapprocher de la francophonie; il déménage à Sudbury. • Parution de *L'espace qui reste* chez Prise de parole. • Il publie poèmes et articles dans diverses revues et prépare son prochain recueil.

• Tout au long de sa carrière, Patrice Desbiens contribue à divers journaux et revues. Il a publié dans *Toronto Express*, *Hamilton Express*, *La Souche* (Sudbury), *Réaction* (Sudbury), *Anus* (Hearst), *Ward 7 News* (Toronto), *Alive Press* (Guelph), *Poetry Toronto Newsletter*, *Rauque*, *Ébauches*, *Poésie Windsor Poetry*, *Harbinger*, *Exit* (Montréal), *Folie Culture* (Québec),

Estuaire et *Steak haché*.

1979 • En septembre, il s'inscrit à l'Université Laurentienne; l'aventure universitaire ne dure qu'un semestre.

1981 • Publication du récit poétique / poème narratif bilingue *L'homme invisible / The Invisible Man*, coédité par Prise de parole et Penumbra Press. • À l'été, il participe à un récital de poésie au festival provincial de Théâtre-Action à Ottawa; le spectacle est filmé et deviendra le documentaire *Les mots dits,* qui porte sur cinq poètes : Patrice Desbiens, Robert Dickson, Sylvie Trudel, Jean Marc Dalpé et Michel Vallières.

1982 • Il assure l'accompagnement musical de *L'opéra du gros cinq cennes*, une production du Théâtre du Nouvel-Ontario de Sudbury.

1983 • Parution de *Sudbury* chez Prise de parole, recueil qui regroupe des textes qu'il travaille depuis deux ans. • Il figure dans le film documentaire *Appartenance*, tourné au dixième festival provincial de Théâtre-Action, qui a lieu à l'Université Laurentienne.

• Au fil des ans, Patrice Desbiens a participé, soit à titre de musicien, soit à titre de poète, à de nombreux festivals. Entre autres événements, mentionnons le festival de Théâtre-Action, le festival Boréal, le festival Manitoulin, le festival Fringe, la Nuit sur l'étang, Voix d'Amériques. Il a également participé à plusieurs reprises au Festival international de la poésie de Trois-Rivières et au Festival international de la littérature de Montréal.

1984 • Le groupe musical CANO produit un dernier album, *Visible*, dont le titre ainsi que la chanson « Invisible » sont tirés de son recueil *L'homme invisible / The Invisible Man*.

1985 • Il réalise et fait paraître l'audiocassette *La cuisine de la poésie*, sur laquelle sa poésie est mise en musique, ainsi que le recueil *Dans l'après-midi cardiaque*, aux Éditions Prise de parole. • *Dans l'après-midi cardiaque* est finaliste au prix du Gouverneur général.

1986-1987 • Patrice est bénévole au Théâtre du Nouvel-Ontario. • Également, pour le Théâtre du Nouvel-Ontario, il est accompagnateur musical de la mise en lecture de *Tourist Room No Vacancy* d'Yves-Gérard Benoît, qui sera présentée à Sudbury et à Hull.

1987 • De janvier à mars, il est employé à titre d'écrivain chez Prise de parole. • En mars, à la Nuit sur l'étang, on lui décerne le prix du Nouvel-Ontario. • Son recueil *Les cascadeurs de l'amour* (Prise de parole) est lancé à l'automne à la rencontre internationale Jack-Kérouac à Québec. • Patrice Desbiens et Jean Marc Dalpé collaborent à titre d'auteurs et de comédiens à la création du spectacle *Dalpé-Desbiens* du Théâtre du Nouvel-Ontario, réalisé en collaboration avec La Slague. En octobre, *Dalpé-Desbiens* est présenté en vedette américaine dans le cadre d'un spectacle de Marjo, anciennement du groupe Corbeau.

1988 • Il est président d'honneur du 9e Salon du livre de l'Outaouais en mars. • Il fait paraître *Poèmes anglais* chez Prise de parole. • Invité au Salon du livre de Québec, Patrice Desbiens décide de s'y installer, déterminé à ne plus retourner à Sudbury où, dit-il, « ses deux cerveaux étaient en chicane ». Il contribue à *Folie culture*, une revue alternative, ainsi qu'à *Estuaire*. • Il est invité au Salon du livre du Mans en octobre et des bienfaiteurs anonymes paient son premier voyage en France. • Reprise du spectacle *Dalpé-Desbiens* à Montréal et à Toronto. • Production, par le Théâtre du Nouvel-Ontario, du spectacle *Cris et blues — live à Coulson*, mettant en vedette Jean Marc Dalpé et Marcel Aymar, spectacle qui reprend plusieurs textes et musiques de Patrice Desbiens. Le spectacle jouera à Sudbury et à Ottawa en octobre.

1989 • *Cris et blues* est produit à Toronto au printemps. • Desbiens fait paraître *Amour Ambulance* aux Écrits des Forges.

1990 • Au printemps, *Cris et blues* effectue une tournée ontarienne et se produit à l'automne au festival de Limoges en France. • Desbiens collabore à la trame musicale du film *Le party* de Pierre Falardeau, dont la direction musicale est assurée par Richard Desjardins; il écrit la chanson « Pourrir sans mourir ».

1991 • Il donne un récital de poésie en septembre à l'Université Laurentienne. • Il est l'une des douze personnes à faire l'objet d'un court métrage dans la série *À la recherche de l'homme invisible* de l'ONF : le réalisateur Valmont Jobin a choisi Patrice Desbiens pour son court métrage intitulé *Mon pays...*, un film mi-fiction, mi-documentaire de trente minutes. • Avec René

Lussier, il présente pour la première fois le spectacle *Grosse guitare rouge*.

1991-1993 • Patrice Desbiens laisse tout derrière lui et déménage à Montréal, emportant seulement une valise et ses manuscrits. • Il se produit aux côtés du musicien René Lussier et effectue avec lui une tournée en Belgique, en France et à Montréal. • Le film *Mon pays...*, de la série *À la recherche de l'homme invisible*, remporte le prix du « meilleur témoignage » au dixième Festival international du film sur l'art. En décernant ce prix, le jury du Festival rendait également hommage à Patrice Desbiens, à qui ce film donne la parole.

1992 Desbiens écrit la chanson « Epic Aire » pour l'album *Soul Stalking* de Daisy DeBolt.

1993 Les 6 et 7 août, le spectacle *Cris et blues — live à Coulson*, est enregistré en direct de l'hôtel Coulson lors du festival Fringe à Sudbury.

1995 *Un pépin de pomme sur un poêle à bois* paraît chez Prise de parole. Le recueil regroupe le triptyque *Le pays de personne*, *Grosse guitare rouge* et *Un pépin de pomme sur un poêle à bois*, qu'il a écrit entre 1988 et 1994. • Parution chez Prise de parole (en collaboration avec Musique AU) de la bande sonore de *Cris et blues — live à Coulson* sur laquelle on retrouve ses compositions « Phrase par phrase », « Invisible », « Sainte colère » et « Tous les chemins ». • Au Gala de la Nuit sur l'étang, à Sudbury, il donne un spectacle inspiré de *Grosse guitare rouge* en compagnie des frères Lamoureux du groupe Brasse-Camarade; le spectacle sera repris à Montréal à l'automne, et le batteur Richard de Grandmont se joindra au groupe.

1995-1997 • Il écrit, écrit, écrit... et fait des lectures publiques et des performances à Cornwall, Ottawa, Hull, Montréal, Toronto, Québec, Hearst, Timmins, Sudbury, Moncton, Baie Sainte-Marie (N.-É.), North Bay, etc.

1996 • Il reçoit le prix Champlain du Conseil de la vie française en Amérique pour *Un pépin de pomme sur un poêle à bois*. • Il joue dans le film *Le dernier des Franco-Ontariens*, réalisé par Jean Marc Larivière.

1997 • Parution, chez Prise de parole, du recueil de poésie *La fissure de la fiction* et d'une nouvelle édition qui regroupe deux recueils antérieurs : *L'homme invisible / The Invisible Man* suivi des *Cascadeurs de l'amour*. • Publication d'une plaquette intitulée *L'effet de la pluie poussée par le vent sur les bâtiments*, chez Docteur Sax (Québec). • Une étude de ses œuvres paraît dans la revue *Tangence* de l'Université du Québec à Rimouski, nº 56, décembre 1997.

1998 • En mars, à l'occasion du cinquantième anniversaire de Patrice Desbiens, le musicien-compositeur René Lussier et quelques amis (Jean Derome, Guillaume Dostaler, Pierre Tanguay) lui offrent un cadeau exceptionnel : du temps en studio pour enregistrer ses poèmes préférés dans une ambiance de club de jazz. Le résultat, un disque compact produit par René Lussier et intitulé *Patrice Desbiens et les Moyens du bord*, paraît en 1999. • Toujours en musique, Desbiens compose la chanson « La caissière populaire », qui paraît sur l'album *Boom Boom* de Richard Desjardins. • Desbiens est mis en nomination pour le prix Félix-Antoine-Savard.

1999 • À sa sortie, à l'automne, le disque compact *Patrice Desbiens et les Moyens du bord*, sur Ambiances Magnétiques, est acclamé par la critique. • Patrice Desbiens publie deux recueils de poésie : une nouvelle édition, augmentée, de *L'effet de la pluie poussée par le vent sur les bâtiments* chez Lanctôt Éditeur en mars, et *Rouleaux de printemps*, chez Prise de parole à l'automne. • Il reçoit le prix de poésie des Terrasses Saint-Sulpice pour *La fissure de la fiction*.

2000 *La quinzaine Desbiens*, un événement consacré à Patrice Desbiens, est organisée par le Théâtre du Nouvel-Ontario en janvier. La quinzaine comprend: une production théâtrale, *Quand les mots viennent du Nord*, textes choisis de *Un pépin de pomme sur un poêle à bois* et de *La fissure de la fiction,* présentée au Théâtre du Nouvel-Ontario en collaboration avec le théâtre l'Escaouette, de Moncton; une exposition à la Galerie du Nouvel-Ontario de bannières d'art créées par l'artiste et poète Herménégilde Chiasson à partir des textes de Patrice Desbiens; et une adaptation théâtrale des *Cascadeurs de l'amour*, production du Théâtre la Tangente de Toronto. • *Les cascadeurs de l'amour* sera présentée dans plusieurs villes du Canada ainsi qu'au festival des Météores à Douai, en France, en mars. La pièce est également diffusée en direct à la radio de Radio-Canada. Elle remporte le Masque de la meilleure production franco-canadienne; • Patrice Desbiens et René Lussier présentent *Patrice Desbiens et les Moyens du bord*, en tournée, dans diverses maisons de la culture de Montréal à l'hiver et au printemps 2000. • Parution de *Sudbury (poèmes 1979-1985)*, qui comprend une nouvelle édition des recueils *L'espace qui reste* (1979), *Sudbury* (1983) et *Dans l'après-midi cardiaque* (1985). • Le Théâtre du Nouvel-Ontario produit la pièce *Du pépin à la fissure*, qui met en scène l'intégrale des recueils *Un pépin de pomme sur un poêle à bois* et *La fissure de la fiction*.

2001 • Parution du recueil *Bleu comme un feu* aux Éditions Prise de parole. • La production *Du pépin à la fissure* remporte le Masque de la meilleure production franco-canadienne.

2002 • Parution, aux Éditions Prise de parole, du recueil *Hennissements*, qui regroupe des poèmes inédits ainsi que le recueil *Les conséquences de la vie*, publié en 1977. • Desbiens signe les paroles de « Simple souffle souple », « Les coups donnés », « Brûlots », « Comme dans un film » et « Le grand besoin », sur l'album *Je marche à toi* de Chloé Sainte-Marie.

2003 • En février, Patrice Desbiens est l'invité d'honneur lors de la 2e édition du festival Voix d'Amériques. Pendant le festival, poètes et musiciens se donnent rendez-vous sur scène à Montréal lors d'un spectacle à guichet fermé organisé pour lui rendre hommage. • Parolier, Desbiens continue à signer des chansons, dont « Danse d'enfer », « Debout à la barre » et « Douceronne », sur l'album *18 roues* de Serge Monette.

2004 • Lors du gala de l'ADISQ, il est récipiendaire, avec Richard Desjardins, du Félix pour scripteur de spectacle de l'année, pour les textes d'enchaînement du spectacle *Kanasuta* de Richard Desjardins. • En octobre, Desbiens lance le livre-cd *Grosse guitare rouge* au Cheval Blanc à Montréal, lancement suivi d'une prestation avec René Lussier sur la même scène où ils avaient présenté *Grosse guitare rouge* pour la première fois.

2005 • Parution du recueil de poésie *Désâmé* chez Prise de parole. • Desbiens collabore de nouveau avec Chloé Sainte-Marie, signant les textes « La Haine » et « Hurlesang » sur l'album *Parle-moi.* • En mars, le Théâtre de la Vieille 17 produit le spectacle *L'homme invisible / The Invisible Man,* d'après le recueil de Patrice Desbiens. Le texte est interprété et mis en scène par Robert Marinier et Roch Castonguay. • Dans le cadre de la 11e édition du Festival international de littérature qui a lieu en septembre à Montréal, Desbiens participe à la présentation du spectacle *Sudbury blues* au Lion d'Or, un spectacle qui met à l'honneur des artistes et créateurs sudburois. Il s'y retrouve aux côtés d'anciens amis et complices, dont Jean Marc Dalpé et Robert Dickson.

2006 • Reprise de la tournée de *L'homme invisible / The Invisible Man.* • Publication à compte d'auteur des recueils *Leçon de noyade*, *Déchu de rien* et *Inédits de vidé.*

2007 • Parution chez l'Oie de Cravan (Montréal), du recueil de poésie *En temps et lieux,* qui regroupe les textes des trois plaquettes publiées en 2006. • Reprise de la tournée de *L'homme invisible / The Invisible Man.*

2008 • Desbiens remporte le premier prix du Salon du livre du Grand Sudbury, décerné à un auteur chevronné originaire de l'Ontario français ou associé à l'Ontario français, dont la production bien établie a maintenu un haut niveau de qualité et a gagné l'appréciation vive de ses lecteurs. • Parution, en septembre, du recueil de poésie *Décalage* chez Prise de parole. • Nouvelle édition de *L'homme invisible / The Invisible Man*, suivi des *Cascadeurs de l'amour*, dans la Bibliothèque canadienne-française.

Bibliographie

Sur l'œuvre de Desbiens

Bélanger, Louis, « Patrice Desbiens : au cœur des fictions sociales », dans Hédi Bouraoui (dir.), *La littérature franco-ontarienne : état des lieux*, Sudbury, Université Laurentienne, 2000, p. 197-226.

Boisvert, Josée, « L'anglais comme élément esthétique dans l'œuvre de Patrice Desbiens », thèse de maîtrise, Université d'Ottawa, 1998, 145 p.

Dickson, Robert, « Autre, ailleurs et dépossédé. L'œuvre poétique de Patrice Desbiens », dans Jules Tessier et Pierre-Louis Vaillancourt (dir.), *Les autres littératures d'expression française en Amérique du Nord*, Ottawa, Éditions de l'Université d'Ottawa, 1987, p. 19-34.

Gauthier, Stéphane, « Lectures de soi : la construction et la représentation de l'identité dans quatre récits franco-ontariens contemporains (1981-1991) », thèse de maîtrise, Département de lettres et communication, Sherbrooke, Université de Sherbrooke, 1998, 280 f.

Lagacé, Francis, « Apprivoiser sa langue comme une belle étrangère. La minorité dans la minorité : le cas du poète franco-ontarien Patrice Desbiens », dans Christiane Albert (dir.), *Francophonie et identités culturelles*, Paris, Karthala, 1999, p. 85-106.

Lagrandeur, Kathryn, « Dé-placements, desbiensiens : langue(s), culture(s), et texte(s) », *Revue Frontenac*, n° 13, 1996-1997, p. 51-57.

Lasserre, Elizabeth, « Aspects de la néo-stylistique : étude des poèmes de Patrice Desbiens », thèse de doctorat, Toronto, University of Toronto, 1995, 353 p.

Lasserre, Elizabeth, « Contre-magie : l'effet de réel comme effet poétique dans l'œuvre de Patrice Desbiens », dans Ginette Adamson et Jean-Marc Gouanvic (dir.), *Francophonie plurielle : actes du congrès mondial du Conseil international d'études francophones tenu à Casablanca (Maroc) du 10 au 17 juillet 1993*, Montréal, Hurtubise HMH, 1995, p. 277-285.

Lasserre, Elizabeth, « Écriture mineure et expérience minoritaire : la rhétorique du quotidien chez Patrice Desbiens », *Études françaises*, vol. 33, n° 2, automne 1997, p. 63-76, en ligne : http : / / id.erudit.org / iderudit / 036068ar.

Lasserre, Elizabeth, « Identité et minorité dans l'écriture de Patrice Desbiens », dans Lucie Hotte (dir.), *La problématique de l'identité dans la littérature francophone du Canada et d'ailleurs*, Hearst, Le Nordir, 1994, p. 73-80.

Lasserre, Elizabeth, « La littérature franco-ontarienne : ruptures et continuité » dans Hédi Bouraoui (dir.), *La littérature franco-ontarienne : état des lieux*, Sudbury, Université Laurentienne, 2000, p. 29-48.

Lasserre, Elizabeth, « Patrice Desbiens : Je suis le Franco-Ontarien », *Nuit blanche*, n° 62, hiver 1995-1996, p. 64-67.

Lasserre, Elizabeth, « Un poète au seuil de l'écriture : l'exiguïté selon Patrice Desbiens », dans François Ouellet et Lucie Hotte, *La littérature franco-ontarienne : Enjeux esthétiques*, Ottawa, Le Nordir, 1996, p. 27-42.

Leclerc, Catherine, « Des langues en partage ? Cohabitation du français et de l'anglais en littérature contemporaine », thèse de doctorat, Département d'études françaises, Montréal, Université Concordia, 2004, 327 p.

Liddle, Michel, « Le voyage dans la littérature du Nouvel-Ontario », *Liaison*, n° 39, juin 1986, p. 22-24.

MacDonell, Alan, « Colonisation et poétique : Patrice Desbiens, poète franco-ontarien », *Travaux de littérature*, n° 7, 1994, p. 367-378.

Paré, François, « Conscience et oubli : les deux misères de la parole franco-ontarienne », *Revue du Nouvel-Ontario*, n° 4, 1982, p. 89-102.

Paré, François, « L'institution littéraire franco-ontarienne et son rapport à la construction identitaire des Franco-Ontariens », dans Jocelyn Létourneau (dir.), *La question identitaire au Canada francophone. Récits, parcours, enjeux, hors-lieux*, Sainte-Foy, Les Presses de l'Université Laval, 1994, p. 45-62.

Paré, François, *Les littératures de l'exiguïté*, coll. « Essai », Hearst, Le Nordir, 1992.

Paré, François, *Théories de la fragilité*, coll. « Essai », Hearst, Le Nordir, 1994.

Tessier, Jules, « De l'anglais comme élément esthétique à part entière chez trois poètes du Canada français : Charles Leblanc, Patrice Desbiens et Guy Arsenault », dans André Fauchon (dir.), *Américanité et francité. Essais critiques sur les littératures d'expression française en Amérique du Nord*, coll. « Roger-Bernard », Ottawa, Le Nordir, 2001, p. 23-54.

Entrevues ou entretiens

Acquelin, Josée et Yves Boisvert, « Un couteau à beurre en plastique volé à l'Académie », *Lettres québécoises,* n° 119, automne 2005, p. 7-10.

Baillargeon, Normand, « Patrice Desbiens. La tendresse comme seule adresse : le poète franco-ontarien a surmonté la misère de l'instabilité identitaire », *Le Devoir*, 11 mai 1998, p. B1.

Bélanger, Georges, «Portrait d'auteur: Patrice Desbiens », *Francophonie d'Amérique*, n° 2, 1992, p.

Labelle, Marc, « Entretien avec Patrice Desbiens », *Rauque*, n° 7, automne 2007, p. 49-60.

L'homme invisible / The Invisible Man

Comptes rendus

Aubert, Rosemary, « New stars in the galaxy of Canadian poetry », *Quill & Quire*, vol. 48, n° 4, avril 1982, p. 30.

Beaulieu, Michel, « *L'homme invisible* de Patrice Desbiens », *Livre d'ici,* vol. 7, n° 32, 23 juin 1982, p. 10.

Bergeron, François, « Les Franco-Ontariens invisibles ? Dans son nouveau livre, Patrice Desbiens récupère le sens propre de cette image populaire », *L'Express*, vol. 7, n° 3, 26 janvier au 1er février 1982, p. 1.

D'Alfonso, Antonio, « Patrice Desbiens. *L'homme invisible / The Invisible Man* », *Nos livres,* n° 155, avril 1982.

Dallaire, Michel, « Le trait d'union, une réalité en soi », *Liaison*, n° 23, août-septembre 1982, p. 43-44.

Fabre, H. et M., « Patrice Desbiens. *L'homme invisible / The Invisible Man.* Prise de parole / Penumbra Press, CP 550, Sudbury, Ontario, P3E 4R2 Canada, 46 p. », *Afram Newsletter*, n° 18, janvier 1984.

Godbout, Jacques, « Mardi 20 avril », *Liberté*, n° 148, 1983, p. 59-60.

Punch, Katherine, « *The Invisible Man* by Patrice Desbiens Penumbra », *The Sault Star*, n° 14, 1er mai 1982.

Renaud, Normand, « Patrice Desbiens. *L'homme invisible / The Invisible Man* », *Livres et auteurs québécois 1982,* 1983, p. 43-44.

Salesse, Michèle, «*L'Homme invisible / The Invisible Man*, récit / story de Patrice Desbiens», *Lettres québécoises*, n° 26, été 1982, p. 79-80.
Stuewe, Paul, «Foreign affairs: from national turmoil in Brazil to the unreal world of "official" Czech literature», *Books in Canada*, vol. 11, n° 7, août-septembre 1982, p. 34-35.
Sylvestre, Paul-François, «*L'homme invisible / The Invisible Man* par Patrice Desbiens, aux éditions Prise de parole et Penumbra», *Le temps de lire*, avril 1982.

Analyses critiques

Killeen, Marie-Chantal, «La problématique du bilinguisme, Franco-Ontarian Style: *L'Homme invisible / The Invisible Man* de Patrice Desbiens, *Tangence*, n° 56, décembre 1997, p. 80-90.
(en partie sur *L'Homme invisible/The Invisible Man*)
Dickson, Robert, «Moi e(s)t l'Autre: quelques représentations de mutation identitaire en littérature franco-ontarienne», *Francophonies d'Amérique*, n° 11, 2001, p. 77-89.

Sur Les cascadeurs de l'amour

Comptes rendus
Albert, Pierre, *Le Nord*, 14 octobre 1987.
Courchesne, Michel, «Patrice Desbiens. *Les Cascadeurs de l'amour*», *Revue du Nouvel-Ontario*, n° 9, 1987, p. 146-147.
Dumont, Jean, «Quand Paillasse devient Cascadeur», *Liaison*, n° 46, mars 1988, p. 52.
Leduc, André, «*Les cascadeurs* de Patrice Desbiens. Quand la conscience détachée observe la conscience engagée se débattre», *Le Droit*, 10 octobre 1987, p. 46.
Williams, Deloris, «Il est écrit», *Canadian Literature*, nos 122-123, automne / hiver 1989, p. 263-265.

Sur la réédition de L'homme invisible/The invisible Man *et* Les cascadeurs de l'amour

Barras, Nancy-Gaëlle, «*L'Homme invisible / The Invisible Man. Les cascadeurs de l'amour*», *L'Orignal déchaîné*, n° 13, 3 décembre 1997, p. 6.
Lasserre, Elizabeth, «Écrits franco-ontariens», *Canadian Literature*, n° 164, printemps 2000, p. 146-147.

www.ingramcontent.com/pod-product-compliance
Ingram Content Group UK Ltd.
Pitfield, Milton Keynes, MK11 3LW, UK
UKHW021933190726
13853UKWH00004B/1416

9 782894 232286